ORACIONES CATÓLICAS

"Todo cuanto pidieres en la oración, como tengáis fe, lo alcanzaréis".
—Mateo 21:22

La Santísima Virgen María en adoración y oración
ante el Niño Jesús, acompañados de los Ángeles.

ORACIONES CATÓLICAS

"Si permanecéis en mí, y mis palabras permanecen en vosotros, pediréis lo que quisiereis, y se os otorgará".
—Juan 15:7

"Qué Dios sea glorificado en todas las cosas".
—Regla de San Benito

TAN Books
Charlotte, Carolina del Norte, EE. UU.

Imprimatur: Rev. Mons. David D. Kagan, J.C.L.
                Vicario General
                Rockford, IL
                3 de julio, 2007

Publicado originalmente en inglés en Rockford, IL, 2006 por TAN Books. Traducido al español y/o recopilado por Araceli Anatrella, 2011.

Ilustración de portada: Pintura de Heinrich Kaiser (1813–1900). Foto © 2007 TAN Books.

ISBN: 978-089555-878-7

Nota de la traductora: Las citas bíblicas son tomadas de la Sagrada Biblia, Nueva Edición Guadalupana traducida del latín al español por Félix Torres Amat en 1950.

TAN Books
Charlotte, Carolina del Norte, EE. UU.
www.TANBooks.com
2011

Dedicado a la Virgen María,
nuestro modelo de oración.

NOTAS SOBRE LA ORACIÓN

ORAR es "elevar nuestra mente y corazón hacia Dios". Se reza por cuatro razones principales: 1) Para adorar y alabar a Dios. 2) Para agradecer a Dios por las bendiciones recibidas. 3) Para pedir perdón y expiar nuestros pecados. 4) Para pedir a Dios por nuestras necesidades.

Para que la oración sea efectiva se la debe hacer con humildad, con confianza, perseverando, sin distracciones intencionales y con arrepentimiento por nuestros pecados.

Hay dos clases de oración: mental y vocal. La oración mental no es sino la meditación en las verdades espirituales. La oración vocal consiste en la repetición de palabras. Todas las oraciones vocales tienen algo de oración mental integradas en sí mismas.

Oraciones Católicas es un librito de oraciones vocales. A San Antonio María Claret (1807–1870), la oración vocal le parecía mucho más fácil que la oración mental y sentía más perceptiblemente la presencia de

Nuestro Señor durante las oraciones vocales.[1] Llegó a ser tan santo que hacia el fin de su vida, recibió la gracia de siempre conservar al Santísimo Sacramento en su pecho.[2]

Todos estamos obligados a rezar, ya que sin la oración, como dice San Alfonso, no recibiremos las gracias necesarias para salvar nuestras almas. Debemos pedir estas gracias.[3] No debemos pensar que puesto que Dios sabe lo que necesitamos, no tenemos que recordárselo. Las Sagradas Escrituras nos dicen: "No os inquietéis por la solicitud de cosa alguna; mas en todo presentad a Dios vuestras peticiones por medio de la oración y de las plegarias, acompañadas de agradecimientos" (*Filipenses* 4:6). Los Santos están de acuerdo con San Juan Crisóstomo (347–407) que dice: "Sin la oración, es simplemente imposible llevar una vida virtuosa".[4] Por lo tanto, debemos: "Orar sin intermisión" (*1 Tesalonicenses* 5:17).

---

1. *The Autobriography of St. Anthony Mary Claret*, Louis Joseph Moore, C.M.F., Trans. 1945; TAN, 1985, p. 197.
2. *Ibídem*, p. 180–181.
3. *The Great Means of Salvation and Perfection*, San Alfonso María de Ligorio, Parte I, Cap. I, Sec. I.
4. *Voice of the Saints*, Francis W. Johnson, 1965, TAN, 1986, p. 35.

ÍNDICE

ORACIONES BÁSICAS

ORACIONES PODEROSAS

ORACIONES FAVORITAS

Oraciones de la mañana

Oraciones de la noche

Las cinco oraciones de Fatima

El Rosario

ORACIONES ESPECÍFICAS

Novena de Navidad

"Ofrece a Dios sacrifico de alabanza, y cumple tus promesas al Altísimo; e invócame en el día de la tribulación: Yo te libraré, y tú me honrarás con tus alabanzas" (*Salmos* 49:14-15).

"Nada te detenga de orar siempre que puedas; ni te avergüences de hacer buenas obras hasta la muerte; porque la recompensa de Dios dura eternamente" (*Eclesiástico* 18:22).

"Velad, pues, orando en todo tiempo, a fin de merecer el evitar todos estos males venideros, y comparecer con confianza ante el Hijo del hombre" (*Lucas* 21:36).

"Pedid, y se os dará; buscad, y hallaréis; llamad, y os abrirán. Porque todo aquel que pide, recibe; y el que busca, halla; y al que llama, se le abrirá" (*Mateo* 7:7-8).

"Si dos de vosotros se unieren entre sí sobre la tierra para pedir algo, sea lo que fuere, les será otorgado por mi Padre que está en los cielos. Porque donde dos o tres se hallan congregados en mi nombre, allí me hallo yo en medio de ellos" (*Mateo* 18:19-20).

ORACIONES CATÓLICAS

ORACIONES BÁSICAS

*Todo católico debería saber estas
oraciones de memoria.*

Señal de la Cruz

*Esta es la más fundamental de las oraciones, usada al comenzar
y terminar una oración y para protegerse del ataque del demonio.
Es especialmente poderosa cuando uno la hace con agua bendita.*

EN EL Nombre del Padre, y del Hijo, y del Espíritu
Santo. Amén.

Padre Nuestro

PADRE Nuestro, que estás en el cielo, santificado
sea Tu nombre. Venga a nosotros Tu reino. Hágase
Tu voluntad, en la tierra como en el cielo. Danos hoy
nuestro pan de cada día. Perdona nuestras ofensas,
como también nosotros perdonamos a los que nos
ofenden. No nos dejes caer en la tentación y líbranos
del mal. Amén.

1

Ave María

DIOS te salve, María. Llena eres de gracia. El Señor es contigo. Bendita tú eres entre todas las mujeres y bendito es el fruto de tu vientre, Jesús. Santa María, Madre de Dios, ruega por nosotros, pecadores, ahora y en la hora de nuestra muerte. Amén.

Gloria

GLORIA al Padre, al Hijo y al Espíritu Santo. Como era en el principio, ahora y siempre, por los siglos de los siglos. Amén.

Credo

CREO en Dios Padre, todopoderoso, creador del cielo y de la tierra. Creo en Jesucristo, Su único Hijo, Nuestro Señor, que fue concebido por obra y gracia del Espíritu Santo; nació de Santa María Virgen; padeció bajo el poder de Poncio Pilato; fue crucificado, muerto y sepultado; descendió a los infiernos; al tercer día resucitó de entre los muertos; subió a los cielos y está sentado a la derecha de Dios Padre; desde allí a de venir a juzgar a los vivos y a los muertos. Creo en el Espíritu Santo, en la Santa Iglesia Católica, la comunión de los santos, el perdón de los pecados, la resurrección de los muertos y la vida eterna. Amén.

Acto de Fe

DIOS mío, porque eres verdad infalible, creo firmemente todo aquello que has revelado y la Santa Iglesia Católica nos propone. Creo en Ti, único Dios verdadero en tres personas iguales y distintas, Padre, Hijo y Espíritu Santo. Creo en Jesucristo, Hijo de Dios, que se encarnó y murió por nosotros, el cual nos dará a cada uno, según los méritos, el premio o el castigo eterno. Quiero vivir y morir en esta fe. Señor aumenta mi fe. Amén.

Acto de Esperanza

DIOS mío, en Tus manos encomiendo mi espíritu. Espero por Tu bondad y los méritos de Jesucristo, nuestro Salvador, la remisión de todos mis pecados; la vida eterna junto a Ti y la gracia necesaria para merecerla con la buenas obras que quiero y debo hacer porque Tú lo prometiste que eres infinitamente poderoso, fiel, benigno y lleno de misericordia. Quiero vivir y morir en esta esperanza. Señor que pueda gozar de Ti para siempre. Amén.

Acto de Caridad

DIOS mío, Te amo con todo mi corazón, con toda mi alma y con todas mis fuerzas. Te amo sobre todas las cosas porque eres infinitamente bueno, sumo y digno de todo amor. Amo al prójimo por Ti mismo y perdono las ofensas recibidas. Quiero vivir y morir en este amor. Señor, haz que Te ame cada vez más. Amén.

Acto de Contrición

Es recomendable comenzar nuestras oraciones purificando nuestras almas con esta oración.

¡SEÑOR mío, Jesucristo! Dios y Hombre verdadero, Creador, Padre y Redentor mío; por ser Tú quien eres bondad infinita, y porque Te amo sobre todas las cosas, me pesa de todo corazón haberte ofendido. También me pesa porque puedes castigarme con las penas del infierno. Ayudado de Tu divina gracia, propongo firmemente nunca más pecar, confesarme y cumplir la penitencia que me sea impuesta para el perdón de mis pecados. Amén.

Yo Pecador—Confiteor

YO CONFIESO ante Dios Todopoderoso y ante vosotros, hermanos, que he pecado mucho, de pensamiento, palabra, obra y omisión. Por mi culpa, por mi culpa, por mi gran culpa. Por eso ruego a Santa María, siempre Virgen, a los Ángeles, a los Santos y a vosotros, hermanos, que intercedáis por mí ante Dios, Nuestro Señor. Amén.

Salve

DIOS te salve, Reina y Madre, Madre de misericordia, vida, dulzura y esperanza nuestra. Dios te salve. A ti clamamos los desterrados hijos de Eva. A ti suspiramos, gimiendo y llorando en este valle de lágrimas. Ea, pues, Señora, abogada nuestra, vuelve a nosotros esos tus ojos misericordiosos y después de este destierro, muéstranos a Jesús, fruto bendito de tu vientre. ¡Oh clemente, oh piadosa, oh dulce, siempre Virgen María! Ruega por nosotros, Santa Madre de Dios, para que seamos dignos de alcanzar las promesas y gracias de Nuestro Señor Jesucristo. Amén.

Memorare

Famosa oración de San Bernardo de Claraval

ACUÉRDATE, oh piadosísima Virgen María, que jamás se ha oído decir que ninguno de los que ha acudido a tu protección, implorando tu asistencia y reclamando tu socorro, haya sido desamparado. Animado con esta confianza, a ti también acudo, oh Madre, Virgen de las vírgenes, y gimiendo bajo el peso de mis pecados, me atrevo a comparecer ante tu presencia soberana. Oh Madre de Dios, no deseches mis humildes súplicas, antes bien, escúchalas y acógelas benignamente. Amén.

Oración a San Miguel

SAN MIGUEL Arcángel, defiéndenos en la lucha. Sé nuestro amparo contra la perversidad y asechanzas del demonio. Reprímelo, Dios, Te lo pedimos humildemente, y tú, Príncipe de la Milicia Celestial, armado del poder de Dios, arroja al infierno a Satanás y a todos los espíritus malignos, que vagan por el mundo buscando la ruina y la destrucción de las almas. Amén.

Oración matutina al Sagrado Corazón

SAGRADO Corazón de Jesús en Ti confió. Confío el pasado a Tu misericordia, el presente a Tu amor, el futuro a Tu providencia. Señor, en el silencio de este día que nace, vengo a pedirte paz, prudencia, fuerza, sabiduría y humildad. Quiero mirar al mundo con ojos llenos de amor. Ser paciente, comprensivo y dócil. Ver detrás de las apariencias a Tus hijos como Tú mismo los ves y así poder apreciar la bondad de cada uno. Cierra mis oídos a toda murmuración. Guarda mi lengua de toda ofensa. Cierra mi corazón a todo juicio y sospecha. Que solo los pensamientos caritativos permanezcan en mí. Que sea tan benévolo y alegre para que todos los que se acerquen a mí, sientan Tu presencia. Revísteme de Tu bondad, Señor, y haz que durante este día yo Te refleje. Amén.

Te adoramos, Cristo y Te bendecimos porque con Tu Santa Cruz, redimiste al mundo.

Ven Espíritu Santo

VEN, Espíritu Santo, llena los corazones de Tus fieles, y enciende en ellos el fuego de Tu divino amor. Envía, Señor, Tu Espíritu y todo será creado. Y renovarás la faz de la tierra. Oh Dios, que has iluminado los corazones de Tus fieles con la luz del Espíritu Santo; concédenos que guiados por el mismo Espíritu, seamos dóciles a Sus inspiraciones para buscar solo el bien y gozar de Su consuelo. Por Jesucristo, Nuestro Señor. Amén.

Ofrecimiento del día

JESÚS, por medio del Inmaculado Corazón de María y en unión a todos los Santos Sacrificios de la Misa que se ofrecen en todo el mundo, Te ofrezco mis oraciones, trabajos, sufrimientos y alegrías de este día, en reparación de todos mis pecados y los pecados cometidos por el mundo entero, por la conversión de los pecadores, por las intenciones de mi familia y amigos y en particular por las intenciones del Santo Padre, bajo la gracia del Espíritu Santo para la mayor gloria de Dios Padre. Amén.

Ángel de la Guarda

ÁNGEL de la Guarda, mi dulce compañía, no me desampares ni de noche ni de día. No me dejes solo que me perdería, ni vivir, ni morir en pecado mortal. Jesús en la vida, Jesús en la muerte, Jesús para siempre. Amén.

Ángel de Dios

ÁNGEL de Dios, que eres mi custodio, pues la bondad divina me ha encomendado a ti, ilumíname, dirígeme y guárdame. Amén.

Oración para antes de la comida

BENDÍCENOS Señor y bendice estos alimentos que dados de Tus generosas manos, vamos a recibir. Bendice las manos que los prepararon. Da otro tanto a los que nada tienen. El Rey de la gloria eterna, nos haga partícipes de Su mesa celestial. Amén.

Oración para después de la comida

TE DAMOS gracias, Señor, por estos alimentos que nos diste y por la alegría de esta hora, que nos ayuden a servirte, a Ti que vives y reinas por los siglos de los siglos. El Señor nos dé su paz y la vida eterna. Amén.

Ángelus

El Ángelus se reza tradicionalmente a las 6 a.m., al medio día y a las 6 p.m. durante todo el año, excepto durante el tiempo de Pascua (domingo de Pascua de Resurrección hasta el medio día del sábado de Pentecostés). En el tiempo de Pascua se reza el Regina Caeli.

V. El Ángel del Señor anunció a María,

R. Y concibió por obra y gracia del Espíritu Santo.
Ave María…

V. He aquí la esclava del Señor.

R. Hágase en mí, según Tu palabra.
Ave María…

V. El Verbo de Dios se hizo carne. *(Arrodillarse)*

R. Y habitó entre nosotros. *(De pie)*
Ave María…

V.   Ruega por nosotros, Santa Madre de Dios.

R.   Para que seamos dignos de alcanzar las promesas
y gracias de Nuestro Señor Jesucristo. Amén.

Oremos: Te rogamos, Señor, que derrames Tu gracia
en nuestras almas, para que los que, por el anuncio
del Ángel hemos creído en la Encarnación de Tu Hijo
Jesucristo, por Su Pasión y Su Cruz seamos llevados
a la gloria de la resurrección. Por Jesucristo, Nuestro
Señor. Amén.

Regina Coeli

*El Regina Coeli se reza tradicionalmente a las 6 a.m., al medio
día y a las 6 p.m. durante el tiempo de Pascua (domingo de Pascua
de Resurrección hasta el medio día del sábado de Pentecostés). De
lo contrario se reza el Ángelus.*

V.   Alégrate, Reina del cielo, aleluya.

R.   Porque el que mereciste llevar en tu seno; aleluya.

V.   Ha resucitado, según predijo; aleluya.

R.   Ruega por nosotros a Dios, aleluya.

V.   Gózate y alégrate, Virgen María; aleluya.

R.   Porque ha resucitado verdaderamente el Señor,
aleluya.

Oremos: Oh Dios, que por la resurrección de Tu Hijo, Nuestro Señor Jesucristo, Te has dignado regocijar al mundo, concédenos, Te suplicamos, por Su Madre, la Virgen María, alcancemos el gozo de la vida eterna. Por Jesucristo, Nuestro Señor. Amén.

Visita al Santísimo Sacramento

SEAS por siempre bendito y alabado, mi dulcísimo Jesús, por mi amor sacramentado. *Rezar un Padre Nuestro, Ave María y Gloria. (Repetirlo todo tres veces).*

Comunión espiritual
de San Alfonso Ligorio

JESÚS mío, creo que estás en el Santísimo Sacramento del altar. Te amo sobre todas las cosas y deseo tenerte en mi alma, Ya que ahora no puedo recibirte sacramentalmente, ven espiritualmente a mi corazón. Y como si ya hubieses venido, Te abrazo y me uno a Ti. No permitas, Señor, que jamás me aparte de Ti. Amén.

Jesús, José y María

JESÚS, José y María, os doy el corazón y el alma mía.

Jesús, José y María, asistidme en mi última agonía.

Jesús, José y María, con Vosotros descanse en paz el alma mía.

ORACIONES PODEROSAS

La Flecha de Oro

Esta oración fue revelada por Nuestro Señor a Sor María de San Pedro (1816–1848), una monja carmelita de Tours, Francia. La rezamos para reparar las blasfemias y profanación dominical; también la rezamos para casos urgentes. Esta oración anima el Corazón de Jesús, el cual desencadena un torrente de gracias para la conversión de los pecadores. La Flecha de Oro es la primera de las oraciones y se reza dos veces; pero todas rezadas juntas son extremadamente poderosas.

QUE EL más santo, más sagrado, más adorable, más misterioso e inefable Nombre de Dios sea por siempre alabado, bendecido, amado, adorado y glorificado en el cielo, la tierra y el infierno por todas las criaturas de Dios y por el Sagrado Corazón de Nuestro Señor y Salvador Jesucristo, en el Santísimo Sacramento del Altar. Amén.

Señor Jesucristo, al presentarnos ante Tu adorable Rostro para pedirte las gracias que más necesitamos, Te rogamos sobre todo, nos concedas la disposición interior de nunca dejar de hacer lo que Tú requieres de nosotros con Tus santos mandamientos y divinas inspiraciones. Amén.

Bondadoso Jesús, que has dicho: "Pide y recibirás, busca y encontrarás, golpea y se abrirá para ti", concédenos, Señor, esa fe que lo obtiene todo y provéenos de lo que carecemos. Concédenos, por Tu caridad y por Tu gloria eterna, las gracias que necesitamos y las que buscamos de Tu infinita misericordia. Amén.

Sé misericordioso con nosotros, Dios nuestro, y no rechaces nuestras súplicas, cuando en medio de nuestras aflicciones, llamamos a Tu Santo Nombre y buscamos con amor y confianza Tú adorable Rostro. Amén.

Dios Todopoderoso y Eterno, mira el Rostro de Tu Hijo Jesucristo. Te lo presentamos a Ti con confianza para implorar Tu perdón. El defensor todo misericordioso abre Su boca para pedir por nuestra causa; escucha Su llanto, observa Sus lágrimas, Dios nuestro, y a través de Sus infinitos méritos escúchalo cuando intercede por nosotros, pobres pecadores miserables. Amén.

Adorable Rostro de Jesús, nuestro único amor, luz y vida, permítenos conocerte, amarte y servirte sólo a Ti, que podamos vivir Contigo, de Ti, por Ti y para Ti. Amén.

Padre Eterno, Te ofrecemos el adorable Rostro de Tu amado Hijo, por el honor y la gloria de Tu nombre, por la conversión de los pecadores y por la salvación de los moribundos.

Divino Jesús, a través de Tu Rostro y nombre, sálvanos. ¡Nuestra esperanza está en la virtud de Tu Santo Nombre! Amén.

Promesas de Nuestro Señor Jesucristo a Sor María de San Pedro, una monja carmelita descalza de Tours, Francia, a los que honran de esta forma Su Santo Rostro: 1) Todos los que honran Mi Rostro en espíritu de reparación, al hacerlo, realizan lo que la piadosa Verónica realizó. En la medida que procuren hacer reparación a Mi desfigurado Rostro por las blasfemias recibidas, cuidaré de sus almas cuando hayan sido desfiguradas por el pecado. Mi Rostro es el sello de divinidad que tiene la virtud de reproducir en las almas la imagen de Dios. 2) A aquellos que con palabras, oraciones o escritos, defiendan Mi causa en esta obra de reparación, los defenderé ante Mi Padre y les daré Mi reino. 3) Al ofrecer Mi Rostro al Padre Eterno, nada se les negará y se obtendrá la conversión de muchos pecadores. 4) Por Mi Sagrado Rostro, podrán obrar maravillas, apaciguar la ira de Dios y obtener misericordia para los pecadores. 5) Del mismo modo que en un reino se puede comprar todo lo que se desea con la moneda acuñada con la imagen del rey, así también en el reino de los cielos obtendrán todo lo que deseen con la preciosa moneda de Mi Rostro. 6) Aquellos que en la tierra contemplen las heridas de Mi Rostro, en el cielo las contemplarán radiantes de gloria. 7) Recibirán en sus almas una irradiación luminosa y constante de Mi divinidad, que por su semejanza a Mi Rostro, brillará con esplendor especial en el cielo. 8) Les defenderé, les salvaré y les aseguraré la última perseverancia.

Novena al Niño Jesús de Praga

En casos de extrema urgencia, se puede rezar una novena de nueve horas en lugar de nueve días. Si es posible, se repite la oración a la misma hora por nueve horas consecutivas.

OH JESÚS, Tú que has dicho: "Pidan y recibirán, busquen y hallarán, llamen y se les abrirá", con la intercesión de María, Tu Santísima Madre, yo llamo, busco y pido que se conceda mi oración. (*Mencione su petición.*)

Oh Jesús, Tú que has dicho: "Todo lo que pidan a Mi Padre en Mi nombre se les otorgará", con la intercesión de María, Tu Santísima Madre, humilde y urgentemente pido a Tu Padre en Tu nombre que se conceda mi oración. (*Mencione su petición.*)

Oh Jesús, Tú que has dicho: "El cielo y la tierra pasarán, pero mi palabra no pasará", con la intercesión de María, Tu Santísima Madre, estoy seguro que se concederá mi oración. (*Mencione su petición.*)

Oración de agradecimiento por las gracias recibidas del Niño Jesús

ME POSTRO ante Tu sagrada imagen, piadosísimo Niño Jesús, para ofrecerte mi más ferviente gratitud por las bendiciones que me has concedido. Alabaré por siempre Tu inefable misericordia y confesaré que solamente Tú eres mi Dios, mi ayudante y mi protector. ¡Toda mi confianza la pondré en Ti solamente! En todos lados proclamaré Tu misericordia y generosidad, para que el infinito amor y las grandiosas obras que Tú realizas a través de esta milagrosa imagen sean reconocidos por todos. Que la devoción a Tu santa infancia aumente en los corazones de todos los cristianos y que todos los que reciban Tu ayuda perseveren conmigo mostrando incesante gratitud a Tu santísima infancia, a la que alabamos y glorificamos por siempre. Amén.

Novena al Sagrado Corazón de Jesús

El Padre Pío rezaba esta novena diariamente, por todos los que pedían sus oraciones.

OH JESÚS mío, Tú que has dicho: "En verdad les digo, pidan y recibirán; busquen y encontrarán; llamen y se les abrirá". He aquí que llamo, busco y pido la gracia de (*mencione su petición*). *Rezar un Padre Nuestro, Ave María y Gloria.*

Sagrado Corazón de Jesús, en Ti confío.

Oh Jesús mío, Tú has dicho: "En verdad les digo, lo que pidan a Mi Padre en Mi nombre, Él se los dará". He aquí que en Tu nombre, le pido al Padre Celestial la gracia de (*mencione su petición*). *Rezar un Padre Nuestro, Ave María y Gloria.*

Sagrado Corazón de Jesús, en Ti confío.

Oh Jesús mío, Tú has dicho: "En verdad les digo, que el cielo y la tierra pasarán, pero Mis palabras no pasarán jamás". He aquí que, animado por Tus infalibles palabras, ahora pido la gracia de (*mencione su petición*). *Rezar un Padre Nuestro, Ave María y Gloria.*

Sagrado Corazón de Jesús, en Ti confío.

Sagrado Corazón de Jesús, a quien le es imposible no tener compasión de los afligidos, ten piedad de nosotros, pecadores miserables, y concédenos la gracia que pedimos de Ti, por medio del Inmaculado Corazón de María, Tu Madre. *Rezar una Salve.*

San José, ruega por nosotros.

Novena a Nuestra Señora del Buen Remedio

¡Esta es una oración extremadamente poderosa! La devoción a Nuestra Señora del Buen Remedio se originó en el Siglo XII cuando se necesitaron grandes sumas de dinero para rescatar a los cristianos que habían sido capturados y vendidos como esclavos por los musulmanes. Con el patrocinio de Nuestra Señora, San Juan de Mata y la Orden Trinitaria, reunieron muchos fondos para liberar a miles de cristianos.

REINA del cielo y la tierra, Santísima Virgen, te veneramos. Tú eres la hija amada del Altísimo, la Madre elegida del Verbo Encarnado, Inmaculada Esposa del Espíritu Santo, sagrado instrumento de la Santísima Trinidad.

Madre del Divino Redentor, que bajo el título de Nuestra Señora del Buen Remedio acudes a ayudar a todos los que te imploran, extiende hacia nosotros tu protección maternal. Dependemos de ti, querida

Madre, como los indefensos y necesitados niños dependen de una tierna y bondadosa madre. *Ave María...*

Señora del Buen Remedio, fuente de inagotable ayuda, concédenos que podamos recurrir a tu abundante tesoro de gracias en tiempos de necesidad. Toca el corazón de los pecadores para que busquen reconciliación y perdón. Da consuelo a los afligidos y solitarios, ayuda a los pobres y desesperados, asiste a los enfermos y a los que sufren. Que sus cuerpos sean sanados y sus almas fortalecidas para que soporten sus sufrimientos con resignación paciente y fortaleza cristiana. *Ave María...*

Querida Señora del Buen Remedio, fuente de inagotable ayuda, tu compasivo corazón conoce un remedio para cada aflicción y cada miseria que enfrentamos en la vida. Ayúdanos con tu oración y tu intercesión a encontrar remedio a nuestros problemas y necesidades, especialmente... (*mencione su intención*).

De mi parte, amorosa Madre, me comprometo a llevar una vida más cristiana, a cumplir con las leyes de Dios, a ser más consciente del cumplimiento de las obligaciones de nuestro estado de vida y a esforzarme por ser una fuente de alivio en este mundo deshecho en que vivimos. *Ave María...*

Querida Señora del Buen Remedio, quédate siempre presente con nosotros y que por tu intercesión podamos disfrutar de salud de cuerpo y tranquilidad de espíritu y podamos aumentar nuestra fe y nuestro amor a tu Hijo Jesucristo. *Ave María...*

Ruega por nosotros, Santa Madre del Buen Remedio, para que podamos aumentar nuestra dedicación a tu Hijo y mantengamos al mundo candente con Su Espíritu. Amén.

Memorare a San José

Esta es una oración poderosa que se la puede rezar para cualquier necesidad. San José es el Patrón Universal.

ACUÉRDATE, ilustre Patriarca San José, y por testimonio de Santa Teresa, tu fiel devota, que jamás se ha oído decir que aquel que invoque tu protección o solicite tu intercesión, no haya recibido consuelo. Lleno de confianza en tu poder, vengo ante ti, mi amadísimo protector, castísimo esposo de María y padre putativo del Salvador de los hombres. No deseches mis suplicas, más bien acógelas y obtén mi petición... (*mencione su intención*).

Oh Dios, que por Tu Providencia inefable elegiste a San José para esposo de Tu Santísima Madre, Te ruego, que aquel a quien veneramos como nuestro protector en la tierra, pueda ser nuestro intercesor en el cielo, Tú que vives y reinas por los siglos de los siglos. Amén.

San José, Patrón de una muerte dichosa, ruega por nosotros.

Oración a San José pidiendo un favor especial

BENDITO San José, tierno padre y fiel guardián de Jesús, casto esposo de la Madre de Dios, te suplicamos que ofrezcas a Dios Padre, Su Divino Hijo bañado en sangre y colgado en la cruz por los pecadores, y que por el Santo Nombre de Jesús, obtengas para nosotros del Padre Eterno el favor que imploramos *(mencione su intención)*. Aplaca el enojo divino tan justamente causado por nuestros crímenes; suplica la misericordia de Jesús hacia nosotros. Entre los esplendores de la eternidad, no olvides las penas de los que sufren, los que rezan y los que se lamentan. Que por tus oraciones, las de tu santa esposa y del Sagrado Corazón de Jesús tenga piedad de nosotros y nos perdone. Amén.

Oración a San José
por un problema difícil

GLORIOSO San José, tú que tienes el poder de hacer posible las cosas imposibles, ayúdanos en estos problemas y dificultades. Toma este difícil caso bajo tu protección para que termine felizmente. (*Mencione su pedido.*) Querido San José, toda nuestra confianza la ponemos en ti. No dejes que se diga que te hemos invocado en vano y ya que tú eres tan poderoso con Jesús y María, muestra que tu bondad es igual a tu poder. Amén.

Sagrado Corazón de Jesús,
ten misericordia de nosotros.

Oración antigua a San José

Reproducimos aquí, sin comentario o garantía, la siguiente declaración que usualmente acompaña a esta oración: Esta oración fue encontrada en el año quincuagésimo de Nuestro Señor. En 1505 el Papa envió esta oración al Emperador Carlos V cuando estaba en camino a una batalla. El que diga esta oración, la oiga o la lleve en su persona, no morirá de muerte repentina, ni se ahogará, ni le afectará ningún veneno; tampoco caerá en manos del enemigo, será quemado en el fuego o perecerá en la batalla. Rezarla por nueve mañanas consecutivas por lo que desee. Raramente ha fallado.

SAN JOSÉ, tu protección es tan grande, tan poderosa y eficaz ante el trono de Dios. En tus manos entrego todos mis intereses y deseos. San José, ayúdame con tu poderosa intercesión. Obtén para mí, de tu Divino Hijo, Nuestro Señor, todas las bendiciones espirituales que necesito. A fin de que, habiendo conseguido aquí en la tierra la ayuda de tu poder celestial, pueda ofrecer mi gratitud y homenaje al Padre más amoroso. San José, nunca me cansaré de contemplarte con el Niño Jesús dormido en tus brazos. No me atrevo a acercarme mientras el Niño reposa sobre tu corazón. Abrázale fuertemente en mi nombre; y de parte mía, besa Su fina y delicada cabecita. Luego, suplícale que me devuelva ese beso a la hora de mi último suspiro. San José, Patrón de los moribundos, ruega por nosotros. Amén.

Oración a Santa Ana

GLORIOSA Santa Ana, desbordante de amor para cuantos te invocan y compasión para los que sufren, agobiado con el peso de mis problemas, me postro a tus pies e humildemente te suplico tomes a tu especial cuidado este problema que te lo recomiendo. *(Mencione su petición).*

Te suplico recomiendes mi petición a tu hija, la Santísima Virgen María, para que la presenten ante el trono de Jesús, para que Él lo lleve a una feliz resolución. Si lo que pido no fuese voluntad de Dios, obtén lo que sea de mayor bien para mi alma. Por el poder y gracia con que Dios te ha bendecido dame una mano y ayúdame.

Te pido sobre todo, misericordiosa Santa Ana, me ayudes a dominar mis malas inclinaciones de mi estado de vida y practicar las virtudes que sean más necesarias para mi salvación. Ante todo, obtén para mí la gracia de un día poder ver a Dios cara a cara y contigo, María y todos los Santos, alabarle y bendecirle por siempre.

Buenísima Santa Ana, madre de aquella que es nuestra vida, nuestra dulzura y nuestra esperanza, ruega por nosotros para que obtengamos nuestro pedido. Amén. *(Rezar este último párrafo 3 veces.)*

Gracias, querida Santa Ana.

Oración a San Judas Tadeo
Patrón de los "Casos Desesperados"

GLORIOSO Apóstol San Judas, siervo fiel y amigo de Jesús, muchos te han olvidado por tener el mismo nombre del traidor que entregó a tu amado Maestro en las manos de Sus enemigos, pero la Iglesia te honra universalmente como el Santo de los casos difíciles y desesperados. Ruega por mí, que soy tan impotente; haz uso de ese privilegio tan especial que se te concedió para ayudar visible y rápidamente a aquellos cuya esperanza la tienen casi perdida. Ayúdame en esta gran necesidad, para que pueda recibir consuelo y socorro del cielo en todas mis necesidades, tribulaciones y sufrimientos, particularmente en *(mencione su intención)* y que pueda alabar siempre a Dios contigo y con todos los santos. Te prometo, San Judas, siempre ser consciente de este gran favor y nunca dejar de honrarte como mi patrón especial y poderoso y hacer todo lo que esté en mi poder para fomentar tu devoción. Amén.

Oración a San Antonio de Padua

San Antonio de Padua es invocado para una gran variedad de necesidades, pero es reconocido especialmente como el "Patrón de los objetos perdidos".

San Antonio, dulcísimo Santo, tu amor a Dios y a sus criaturas te hizo merecedor de poseer milagrosos poderes en la tierra. Los milagros esperaban tus palabras, que estabas siempre listo a decir por aquellos en peligro o ansiedad. Animado por estos méritos, te imploro que obtengas para mí... *(mencione su intención)*. La respuesta a mi plegaria puede requerir de un milagro; aún así, eres el Santo de los milagros. Gentil y amoroso San Antonio, cuyo corazón estaba siempre lleno de simpatía humana, susurra mi petición a los oídos del dulce Niño Jesús, a quien le gustaba estar en tus brazos, y la gratitud de mi corazón estará siempre contigo. Amén.

═══════════════════════

Jesús, en Ti confío.

═══════════════════════

Milagrosa oración a la Florecita de Jesús

Santa Teresita (1873-1897) prometió asistir a todos los que la invoquen por cualquier razón. "Pasaré mi cielo haciendo el bien en la tierra". "Dejaré caer una lluvia de rosas".

Florecita de Jesús, siempre consolando con gracias divinas a las almas aquejadas, en tu infalible intercesión pongo toda mi confianza. Del Corazón de Nuestro Divino Salvador pide la bendición que ahora necesito, especialmente *(mencione su petición).* Deja caer sobre mí una lluvia de rosas, virtudes y gracias, querida Santa Teresita, para que rápidamente avanzando en santidad y perfecto amor al prójimo, pueda un día recibir la corona de la vida eterna. Amén.

Oración de Santa Gertrudis la Grande

Esta oración tiene la reputación de ser muy poderosa liberando almas del Purgatorio. Se la puede repetir tantas veces como desee.

PADRE Eterno, Te ofrezco la más Preciosa Sangre de Tu Divino Hijo, Jesucristo, en unión a todas las Misas celebradas hoy alrededor del mundo, por todas las almas del Purgatorio, los pecadores en todas partes, los pecadores en la Iglesia Universal, aquellos en mi hogar y en mi propia familia. Amén.

Novena a Santa Filomena
Virgen, mártir y trabajadora asombrosa

Santa Filomena ayuda en toda clase de problemas, pero es particularmente invocada para ayuda en la conversión de pecadores, el retorno a los Sacramentos, problemas con los hijos, infelicidad en el hogar, esterilidad, problemas de dinero y enfermedades mentales. Es invocada igualmente para ayudar a los sacerdotes y sus obras, a las mujeres embarazadas, madres indigentes, enfermos y misioneros.

FIEL virgen y gloriosa mártir, Santa Filomena, que intercedes con tantos milagros a nombre de los pobres y adoloridos, ruega por nosotros. Tú conoces la multitud y diversidad de mis necesidades. Mírame a tus pies, lleno de miseria, pero rebosante de esperanza. ¡Suplico tu caridad, grandiosa Santa! Gentilmente óyeme y obtén de Dios una respuesta favorable a mi pedido que humildemente lo postro ante ti *(mencione su intención)*. Estoy firmemente convencido de que por tus méritos, el desprecio, sufrimiento y muerte que soportaste, unido a los méritos de la Pasión y Muerte de Jesucristo, tu Esposo, podré obtener lo que pido de ti y en la alegría de mi corazón, bendeciré a Dios, quien es admirable en Sus Santos. Amén.

Oración a Santa Rita
Abogada de los casos imposibles

Santa Rita fue hija única de padres de avanzada edad. Ella decidió dedicar su vida a Dios; pero sus padres querían que se casara. Su abusivo esposo fue asesinado y sus dos hijos hablaban de vengar su muerte. Rita imploró a Dios que no les permitiera cometer ese pecado. Los dos murieron muy jóvenes y ella milagrosamente entró al Convento de San Agustín y llegó a ser una de las santas más grandes de esa orden.

SANTA Rita, Patrona de aquellos en necesidad, cuyas súplicas ante el Divino Señor son casi irresistibles, que por tu abundancia en conceder favores has sido llamada la Abogada de los desesperados e incluso de los casos imposibles. Santa Rita, tan humilde, tan pura, tan mortificada, tan paciente y llena de amor compasivo para Jesús Crucificado, tú puedes obtener de Él lo que pidas, por eso muchos recurren a ti confiadamente, esperando si no alivio, por lo menos consuelo. Sé propicia a nuestra petición, demostrando tu poder con Dios a nombre de tus devotos. Sé pródiga con nosotros, como lo has sido en muchos maravillosos casos, para la gloria de Dios, propagación de tu propia devoción y consolación de los que confían en ti. Si se concede nuestra petición, prometemos por siempre glorificarte dando a conocer tus favores, y bendecir y cantar tus alabanzas.

Confiados entonces en tus méritos y en tu poder ante el Sagrado Corazón de Jesús, te suplicamos nos concedas *(mencione su petición).*

Obtén nuestra petición por los méritos excepcionales de tu niñez, tu perfecta unión con la voluntad divina, tus sufrimientos heroicos durante tu vida de casada, el consuelo que experimentaste en la conversión de tu esposo, el sacrificio de tus hijos antes que verlos ofender gravemente a Dios, tu milagrosa entrada al convento, tus rigurosas penitencias y azotes sangrientos tres veces al día, el sufrimiento causado por el estigma que recibiste de la espina de tu Salvador Crucificado, el amor divino que consumió tu corazón, tu notable devoción al Santísimo Sacramento con el cual te alimentaste por cuatro años, la felicidad con la cual dejaste tus tribulaciones para reunirte con tu Divino Esposo, el perfecto ejemplo que diste a la gente en cada estado de tu vida. Ruega por nosotros, Santa Rita, para que seamos dignos de las promesas de Cristo.

Dios, que con infinita dulzura, respondes a las plegarias de Tu servidora, Santa Rita, y concedes las súplicas que parecen imposibles a la visión humana, en recompensa por su compasivo amor y firme confianza en Tus promesas, ten compasión en nuestra adversidad y socórrenos en nuestra calamidad, que el no creyente pueda conocer que Tú eres la recompensa del humilde, el defensor del desamparado, el que da fuerza a los que confían en Ti, por Jesucristo, Nuestro Señor. Amén.

Oración a San Martín de Porres

GLORIOSO San Martín de Porres, gran Santo de la Orden de los dominicos, mira con misericordia a esta pobre alma que se lamenta y dígnate ayudarme en esta gran necesidad para que pueda recibir el consuelo y el socorro del cielo en todas mis necesidades, tribulaciones y sufrimientos, pero en particular te pido *(mencione su petición)*. Te agradezco, San Martín de Porres, por toda la ayuda que me has brindado, ahora y en el pasado, y prometo estar siempre agradecido contigo y hacer que te conozcan todos los que estén en necesidad de tu asistencia. Amén.

Oración a todos los Ángeles

¡ALABEN al Señor, todos Sus Ángeles! Intercedan por mí ante el trono de Dios. Con su incesante vigilancia, protéjanme en todo peligro de alma y cuerpo. Obtengan para mí la gracia de perseverancia final, para que después de esta vida, pueda compartir su gloriosa compañía y cantar alabanzas a Dios por toda la eternidad. Ángeles y Arcángeles, Tronos y Dominaciones, Principados y Potestades y Virtudes del cielo, Querubines y Serafines, y especialmente a ti, mi querido Ángel de la Guarda, intercede por mí y obtén el favor especial que ahora pido *(mencione su intención)*. Ofrecer tres Glorias...

Oración en honor a la Virgen Dolorosa

Aprobado por el Papa Pío VII en 1815 (Leer los 'favores' prometidos por la Santísima Virgen al final de esta oración).

V. Oh Dios, ven a nuestra ayuda;

R. Señor, date prisa en ayudarnos.

V. Gloria al Padre, al Hijo y al Espíritu Santo.

R. Como era en el principio, ahora y siempre, por los siglos de los siglos. Amén.

1. Me apeno por ti, Madre Dolorosa, por el sufrimiento de tu tierno corazón al oír la profecía del santo anciano Simeón. Querida Madre, por tu tan sufrido corazón, obtén para nosotros la virtud de humildad y el Don del Temor a Dios. *Ave María...*

2. Me apeno por ti, Madre Dolorosa, por la angustia de tu cariñoso corazón al huir a Egipto y durante tu estadía allí. Querida Madre, por tu corazón tan preocupado, obtén para nosotros la virtud de generosidad, especialmente hacia los pobres y el Don de Santidad. *Ave María...*

3. Me apeno por ti, Madre Dolorosa, por la ansiedad de tu dulce corazón durante la pérdida del querido Niño Jesús en el Templo. Querida Madre, por tu corazón lleno de angustia, obtén para nosotros la virtud de castidad y el Don de Conocimiento. *Ave María...*

4. Me apeno por ti, Madre Dolorosa, por la consternación de tu buen corazón al encontrarte con Jesús mientras Él cargaba Su cruz. Querida Madre, por tu corazón tan atribulado, obtén para nosotros la virtud de paciencia y el Don de Fortaleza. *Ave María...*

5. Me apeno por ti, Madre Dolorosa, por el martirio de tu generoso corazón al encontrarte parada cerca de Jesús durante Su agonía en la cruz. Querida Madre, por tu corazón tan afligido, obtén para nosotros la virtud de benignidad y el Don de Consejo. *Ave María…*

6. Me apeno por ti, Madre Dolorosa, por la herida de tu compasivo corazón al ver cómo el costado de Jesús fue atravesado con una lanza antes de que Su cuerpo fuese bajado de la cruz. Querida Madre, por tu corazón así paralizado, obtén para nosotros la virtud de caridad fraternal y el Don de Entendimiento. *Ave María…*

7. Me apeno por ti, Madre Dolorosa, por las punzadas que desgarraban tu amoroso corazón al llevar a Jesús a Su sepultura. Querida Madre, por tu corazón sumido en tan amarga desolación, obtén para nosotros la virtud de diligencia y el Don de Sabiduría. *Ave María…*

Permite esta intercesión, Te suplicamos, Señor Jesús, ahora y en la hora de nuestra muerte, ante el trono de Tu misericordia, por la Santísima Virgen María, Tu Madre, cuyo santísimo corazón fue

atravesado por una espada a la hora de Tu amarga
Pasión, por Jesucristo, Salvador del mundo, quien con
el Padre y el Espíritu Santo vive y reina por los siglos
de los siglos. Amén.

De acuerdo a Santa Brígida de Suecia (1303–1373), la
Santísima Virgen concede los siguientes favores a aquellos que
la honran diariamente diciendo siete Ave Marías, mientras
meditan en sus lágrimas y dolores: 1) "Les concederé paz a sus
familias" 2) "Les iluminaré en cuanto a los Misterios Divinos"
3) "Les consolaré en sus penas y acompañaré en sus trabajos"
4) "Les daré cuanto pidan, con tal de que no se oponga a la
adorable voluntad de mi divino Hijo o la salvación de sus almas"
5) "Les defenderé en sus batallas espirituales contra el enemigo
infernal y les protegeré en cada instante de sus vidas" 6) "Les
asistiré visiblemente al momento de su muerte y verán el rostro
de su Madre" 7) "He obtenido esta gracia de mi divino Hijo,
que todos aquellos que propaguen la devoción a mis lágrimas
y dolores, sean llevados directamente de esta vida terrena a la
dicha eterna, ya que todos sus pecados les serán perdonados y
mi Hijo será su consuelo y gozo eterno".

Oración a San Expedito

*San Expedito (siglo cuarto) fue un joven soldado romano, que
se cree fue martirizado en Melitene, Armenia. Es muy poderoso
en obtener rápida ayuda en casos urgentes. San Expedito es conocido
como el Patrón de la Juventud, el Abogado de los casos urgentes y
el Mediador de los juicios.*

SAN EXPEDITO, humildemente te rogamos que
vengas a nuestra ayuda para que por tu pronta

intercesión nos obtengas de tu Divino Señor, la gracia de una feliz y pronta solución al asunto que te pedimos *(mencione su intención)*. Lo hacemos sin temor, confiando totalmente en la suprema sabiduría de Nuestro Santísimo Señor. Ponemos nuestra confianza en Él, sin reservas y conscientes de que se hará Su voluntad solamente. Amén. *Rezar tres Padre Nuestros, tres Ave Marías y tres Glorias.*

Novena y Letanía a San Expedito

SAN EXPEDITO, que recibiste del Señor la corona de rectitud prometida a aquellos que lo aman, *ruega por nosotros.*
A cada invocación, responder: "ruega por nosotros".
Patrón de la juventud,
Auxilio del estudiante,
Modelo de soldado,
Protector del viajero,
Abogado del pecador,
Salud en la enfermedad,
Consuelo del afligido,
Mediador de los juicios,
Ayuda en casos urgentes,
Ferviente y confiado en la oración,

Ayuda fiel a aquellos que tienen esperanza en ti,
Cuya protección a la hora de la muerte asegura la
    salvación,

Cordero de Dios, que quita el pecado del mundo,
    perdónanos, Señor.
Cordero de Dios, que quita el pecado del mundo,
    escúchanos Señor.
Cordero de Dios, que quita el pecado del mundo, *ten
    piedad de nosotros, Señor.*

Ruega por nosotros, *San Expedito, para que seamos
    dignos de las promesas de Nuestro Señor Jesucristo.*

Oremos: Dios Eterno y Todopoderoso, que eres el
consuelo del afligido y apoyo de los que sufren, dígnate
oír los llantos de Tus afligidos, para que por la
intercesión y méritos de Tu glorioso mártir, San
Expedito, podamos alegremente gozar de Tu
misericordia en esta necesidad, por Jesucristo, Nuestro
Señor. Amén.

*En agradecimiento por los favores recibidos rezar un
Padre Nuestro, un Ave María y un Gloria.*

Oración a Nuestra Señora del Carmen

B ELLÍSIMA Flor del Carmelo, Fructífera Viña, Resplandor del cielo, Santísima Madre del Hijo de Dios, Virgen Inmaculada, ¡ayúdame en esta necesidad! *Mencione su intención.* ¡Oh Estrella del Mar, auxíliame y muéstrame que eres mi Madre!

¡Oh María, Madre de Dios, Patrona de los que visten el Santo Escapulario, Reina del cielo y la tierra, desde el fondo de mi corazón te suplico humildemente que me socorras en esta necesidad; muéstrame que eres mi Madre!

¡Oh María, sin pecado concebida, ruega por nosotros que recurrimos a ti! *Repetirlo 3 veces.*

Dulce corazón de María, sé nuestra salvación. *Repetirlo 3 veces.*

Se sugiere rezar tres Padre Nuestros, tres Ave Marías y tres Glorias en agradecimiento.

Bendito sea Jesús en el
Santísimo Sacramento del Altar.

ORACIONES FAVORITAS

Consagración al Espíritu Santo

SANTÍSIMO Espíritu, recibe la consagración absoluta que hago ahora de todo mi ser. De este día en adelante, ven a cada instante de mi vida y a cada una de mis acciones. Tú eres mi luz, mi guía, mi fuerza y lo único que mi corazón anhela. Me abandono sin reserva a Tu divina obra y quiero siempre ser dócil a Tus santas inspiraciones. Espíritu Santo transfórmame con y a través de María en nuestro divino Jesucristo para la gloria de Dios Padre y la salvación del mundo entero. Amén.

Que el Corazón de Jesús en el
Santísimo Sacramento sea alabado, adorado
y amado con mucho afecto en cada momento
y en todos los tabernáculos del mundo entero
por los siglos de los siglos. Amén.

Oración de dedicación
de Santa Coleta de Jesús (1381–1447),
Reformadora de las Clarisas Pobres

SANTÍSIMO Jesús, me consagro a Ti en la salud, enfermedad, vida y muerte, en todos mis deseos y mis acciones, para que no trabaje sino para Tu gloria, la salvación de las almas y lo que has escogido para mí. De este día en adelante, querido Señor, no hay nada para lo que no esté preparado a hacer por amor a Ti. Amén.

Ofrecimiento de la mañana
de Sor María de la Santísima Trinidad,
Clarisa Pobre de Jerusalén

MI BUEN Jesús, aquí está mi lengua, protégela para que no diga nada que no Te agrade y que mi silencio Te hable solamente a Ti. Dulce Jesús mío, aquí están mis oídos para que oigan solamente Tu voz y realice con amor el trabajo que me has encomendado. Aquí están mis ojos para que no cesen de contemplarte en cada rostro y en cada trabajo. Aquí están mis manos y mis pies para que los hagas ágiles y les guste solo servirte a Ti y complacerte en todos Tus deseos. Aquí están mis pensamientos para que Tu luz los posea.

Aquí está mi corazón para que Tu amor, mi buen Jesús, reine y descanse en él eternamente. Amén.

Oración de San Ignacio de Loyola
(1491–1556)

AMADÍSIMO Jesús, enséñame a ser generoso. Enséñame a servirte como mereces, a dar sin importar el costo, a pelear sin prestar atención a las heridas, a trabajar duro sin buscar descanso, a laborar sin buscar recompensa. Permíteme saber y hacer Tu voluntad, Señor Dios mío. Amén.

Acto de Ofrenda

PADRE Eterno, Te ofrezco la Sangre, Pasión y Muerte de Nuestro Señor Jesucristo; las penas de María Santísima, y de San José, en reparación por nuestros pecados, por las almas del purgatorio, por las necesidades de la Santa Iglesia y por la conversión de los pecadores. Amén.

Oración a la Señora de los Ángeles

María dio esta oración a una Hermana Bernardina aproximadamente en 1937. Nuestra Señora pidió urgentemente que se la imprima y distribuya.

AUGUSTA reina del cielo y suprema Señora de los Ángeles, a ti que has recibido de Dios el poder y la misión de aplastar la cabeza de la serpiente, pedimos humildemente que envíes las Legiones Celestiales para que, bajo tus órdenes, persigan a los demonios, los combatan por todas partes, repriman su audacia y los precipiten al abismo. ¿Quién es como Dios? Ángeles y Arcángeles, defiéndannos y protéjannos. Buena y tierna Madre, siempre serás nuestro amor y nuestra esperanza. Amén.

Oración a la Madre del Buen Consejo

GLORIOSÍSIMA Virgen, escogida entre todas por eterno decreto como la Madre del Verbo Eterno, tesoro de gracias divinas y refugio de los pecadores. Nosotros, tus más indignos sirvientes, hemos recurrido a ti para que seas nuestra tierna guía y consejo en este valle de lágrimas. Por la Preciosa Sangre que tu Hijo derramó, obtén para nosotros el perdón de nuestras culpas, la salvación de nuestras almas y lo que necesitemos para obtenerlas. Concédenos también que la Santa Iglesia triunfe contra sus enemigos y que el reino de Jesucristo se extienda sobre toda la tierra. Por todo esto pedimos tu intercesión. Amén.

Bendita sea la hora

Compuesta por Santa Coleta. Se cree que el que la reza piadosamente quince veces al día desde el Día de San Andrés (noviembre 30) hasta la Navidad, obtendrá lo que pida.

BENDITA sea la hora y el momento en el que el Hijo de Dios nació de la purísima Virgen María, a la medianoche, en Belén, en medio de un frío penetrante. En esa hora, concédenos, Dios nuestro, escuchar nuestra súplica y otorgar nuestro deseo, por los meritos de Nuestro Salvador Jesucristo y su Santísima Madre. Amén.

Consagración a María
de San Alfonso María de Ligorio

SANTA María, mi Señora, en tu bendita confianza y especial cuidado, en el seno de tu tierna misericordia, encomiendo mi alma y mi espíritu este día y cada día de mi vida y la hora de mi muerte. A ti encomiendo toda mi esperanza y consuelo, todas mis pruebas y miserias, mi vida y mi muerte. Que por tu santísima intercesión y por tus méritos, todas mis acciones estén de acuerdo con tu santa voluntad y la de tu Hijo Divino. Amén.

Oración a María, Madre

Préstame Madre tus ojos para con ellos mirar
porque si con ellos miro, nunca volveré a pecar.
Préstame Madre tus labios para con ellos rezar
porque si con ellos rezo, Jesús me podrá escuchar.
Préstame Madre tu lengua para poder comulgar
pues es tu lengua materna de amor y de santidad.
Préstame Madre tus brazos para poder trabajar
que así rendirá mi trabajo una y mil veces más.
Préstame Madre tu manto para cubrir mi maldad
pues cubierto con tu manto, al cielo he de llegar.

Préstame Madre a tu Hijo para poderlo yo amar
pues si me das a Jesús, ¿qué más puedo yo desear?
Así será esta mi dicha por toda la eternidad. Amén.

Oración a María

Madre, dame tu mano y no me sueltes.
Déjame apoyarme en ti al andar.
Enséñame el camino que sólo me conduzca
a tu Hijo con quien anhelo un día estar.
Pídele a Él que perdone mis falencias,
mi falta de paciencia y de piedad.
Que me de fuerzas para sobrellevar el peso
de las injusticias que me hacen a menudo llorar.
Enjuga mis lágrimas con tu dulzura de siempre,
cubre con tu manto mis penas y ansiedad.
Regálame la paz que de tus ojos mana.
Y muéstrame las huellas de amor y humildad. Amén.

Novena a la Virgen
de la Medalla Milagrosa

OH MARÍA, sin pecado concebida, ruega por nosotros que recurrimos a ti. Sin tardanza pregona lengua mía, las glorias y alabanzas de María. Atiende a mi socorro, gran Señora y ampárame tu diestra protectora. *Gloria….*

Jesús, Señor Nuestro, que has querido glorificar con innumerables prodigios a la Bienaventurada Virgen María desde el primer instante de su Inmaculada Concepción. Te suplicamos que cuantos devotamente imploramos Tu protección en la tierra, merezcamos gozar de Tu vista en el cielo. Tú que vives y reinas con el Padre y el Espíritu Santo por los siglos de los siglos. Amén.

María, por tu mediación damos infinitas gracias a Dios por el favor que dispensaste a tu querida sierva, Santa Catalina Labouré, apareciéndote pura y sin mancha de pecado, ofreciéndole como remedio de todos los males la Medalla Milagrosa. Por este favor te pedimos que nos hagamos dignos de tu protección y verdaderos devotos de tu Purísima Concepción. Amén.

Dios te Salve, Reina de cielos y tierra, queridísima Madre de los pecadores. Llenos nuestros corazones de absoluta confianza, acudimos a tu maternal afecto. Somos pecadores y no merecemos tu protección. Pero al contemplarte en la Medalla Milagrosa con los brazos abiertos, invitándonos a acercarnos a Ti y con las manos derramando a torrentes tus bendiciones, animados acudimos a tus pies, para exponerte durante esta novena nuestra urgente necesidad (*mencionar la intención o dar gracias por el favor recibido*).

María, tú eres después de Dios, nuestra única esperanza. Escucha benigna la confiada oración que en la presente necesidad elevamos a tu misericordia si es para gloria de Dios y bien de nuestras almas. Al mismo tiempo, deseando ser verdaderos cristianos, y por ello, merecedores de las miradas de Dios y de tu protección, te suplicamos humildemente, tierna Madre nuestra, llenes nuestra alma del espíritu de oración, humildad y mortificación de nuestras pasiones. Obtén para nosotros fidelidad en el cumplimiento de nuestros deberes religiosos y constancia en el bien hasta la muerte. Ruega por nosotros, ¡Oh María! Haznos partícipes de los tesoros divinos de los cuales fuiste colmada en tu Purísima Concepción. Amén.

Coronilla de la Divina Misericordia
Nuestro Señor dio esta oración a Santa Faustina
(1905–1938)

Oración inicial: Expiraste, Jesús, pero el manantial de vida brotó para las almas y el océano de Tu misericordia inundó el mundo entero. Oh, fuente de vida, insondable misericordia divina, abarca al mundo entero derramando sobre nosotros hasta Tu última gota.

Repetir tres veces: Oh, Sangre y agua que brotaste del Corazón de Jesús, como una fuente de misericordia para nosotros, en Ti confío.

Usando un rosario, comience a rezar un Padre Nuestro, un Ave María y un Credo.

En las cuentas del rosario correspondientes al Padre Nuestro, diga esta oración: Padre Eterno, Te ofrezco el Cuerpo, la Sangre, el Alma y la Divinidad de Tu amadísimo Hijo, Nuestro Señor Jesucristo, en reparación de nuestros pecados y los del mundo entero.

En las cuentas del rosario correspondientes al Ave María, diga esta oración: Por Su dolorosa Pasión, Ten misericordia de nosotros y del mundo entero.

Cuando se han terminado las cinco décadas, repetir tres veces: Santo Dios, Santo Omnipotente, Santo Inmortal, Ten misericordia de nosotros y del mundo entero.

Oración final (opcional): Eterno Dios, cuya misericordia es infinita y Su compasión inagotable, míranos bondadosamente y aumenta Tu misericordia hacia nosotros para que en momentos difíciles no nos desesperemos ni nos desalentemos, sino que con gran confianza nos sometamos a Tu santa voluntad, que es amor y misericordia misma.

Repetir tres veces: Jesús, en Ti confío.

Saludos a María

Estos saludos a María fueron escritos por San Juan Eudes (1601–1680) y divulgados en esta versión por el Sirviente de Dios, Padre Paul de Moll (1824–1896). Este beato aseguró a uno de sus amigos que aquellos que devotamente veneran a María con estos saludos pueden contar con su poderosa protección y bendición. Además dijo que es imposible no ser escuchado favorablemente cuando se los recita pidiendo la conversión de los pecadores.

Santa María, Hija de Dios, Padre.

Santa María, Madre de Dios, Hijo.

Santa María, Esposa de Dios, Espíritu Santo.

Santa María, Templo de la Santísima Trinidad.

Santa María, Rosa Celestial del indescriptible amor de Dios.

Santa María, Virgen pura y humilde, de quien el Rey del cielo deseó nacer y con tu manto ser abrigado.

Santa María, Virgen de vírgenes.

Santa María, Reina de Mártires, atravesada por una espada.

Santa María, Santísima Señora, a quien se le dio todo el poder en el cielo y la tierra.

Santa María, Mi Reina y mi Madre, mi vida, mi dulzura y mi esperanza.

Santa María, Madre amable.

Santa María, Madre admirable.

Santa María, Madre del amor divino.

Santa María, Inmaculada; sin pecado concebida.

Santa María, ¡Llena de gracia! ¡El Señor es contigo! ¡Bendita tú eres entre todas las mujeres! ¡Y bendito es el fruto de tu vientre, Jesús!

Bendito sea tu Esposo, San José.

Bendito sea tu Padre, San Joaquín.

Bendita sea tu Madre, Santa Ana.

Bendito sea tu Guardián, San Juan.

Bendito sea tu Santo Ángel, San Gabriel.

Gloria a Dios Padre, que te escogió.

Gloria a Dios Hijo, que te amó.

Gloria a Dios Espíritu Santo, que te desposó.

Gloriosa Virgen María, que todos los hombres te amen y te veneren. ¡Santa María, Madre de Dios! Ruega por nosotros y bendícenos ahora y a la hora de nuestra muerte. Por Jesucristo, tu Divino Hijo. Amén.

Novena de Confianza al Sagrado Corazón

SEÑOR Jesús, a Tu Sagrado Corazón yo confío esta intención *(mencione su intención)*. Solo mírame misericordiosamente, entonces haz lo que Tu amor inspire. Deja que Tu Sagrado Corazón decida. Confío en Ti. Me abandono a Tu misericordia. Señor Jesús, no me fallarás. Sagrado Corazón de Jesús, en Ti confío. Sagrado Corazón de Jesús, creo en Tu amor hacia mí. Sagrado Corazón de Jesús, venga Tu reino. Sagrado Corazón de Jesús, Te he pedido muchos favores, pero seriamente Te imploro este. Tómalo y ponlo en Tu Corazón. Cuando el Padre Eterno lo vea cubierto en Tu Preciosa Sangre, no podrá rehusarlo, pues ya no será mi oración, sino la Tuya, Jesús. Sagrado Corazón de Jesús, pongo toda mi confianza en Ti. No permitas que me decepcione. Amén.

Ofrecimiento de sí mismo
"Suspice" por San Ignacio de Loyola

TOMA, Señor, y recibe toda mi libertad, mi memoria, mi entendimiento y mi voluntad; todo mi haber y poder. Tú que me lo distes, a Ti Señor lo torno, todo es Tuyo. Dispón de ellos a Tu voluntad. Dame Tu amor y gracia que es todo lo que me basta. Amén.

Oración por la Paz
de San Francisco de Asís

Señor, hazme un instrumento de Tu paz.
Donde haya odio, que lleve yo el amor.
Donde haya ofensa, que lleve yo el perdón.
Donde haya discordia, que lleve yo la unión.
Donde haya duda, que lleve yo la fe.
Donde haya error, que lleve yo la verdad.
Donde haya desesperación, que lleve yo la esperanza.
Donde haya tristeza, que lleve yo la alegría.
Donde haya tiniebla, que lleve yo la luz.

Oh, maestro, haz que yo no busque ser consolado, sino consolar; ser comprendido, sino comprender; ser amado, sino amar. Porque es dando como se recibe; es perdonando, como se es perdonado; y muriendo, se resucita a la vida eterna. Amén.

Oración a Cristo Rey

CRISTO Jesús, Te reconozco por Rey del universo. Todo cuanto existe ha sido creado por Ti. Ejerce sobre mí todos Tus soberanos derechos. Renuevo las promesas de mi Bautismo, renunciando a Satanás, sus seducciones y sus obras. Prometo vivir como buen cristiano y hacer todo lo que esté en mi poder para Tu triunfo y el de Tu Santa Iglesia. Divino Corazón de Jesús, Te ofrezco mis pobres esfuerzos para obtener que todos los corazones reconozcan Tu sagrada realeza y así el Reino de Tu paz se establezca en todo el universo. Amén.

Acto de Consagración al Sagrado Corazón

De acuerdo a las antiguas reglas sobre las indulgencias, se podía
obtener una indulgencia plenaria una vez al mes si piadosamente
se rezaba esta oración y se cumplía con los otros requisitos para
obtener indulgencias plenarias.

DULCÍSIMO Jesús, Redentor del género humano, míranos humildemente postrados ante Tu altar; somos Tuyos y solo Tuyos queremos ser. Para poder vivir más íntimamente unidos a Ti, todos y cada uno libremente nos consagramos a Tu Sagrado Corazón en este día. Muchos, jamás Te han conocido; muchos, despreciando Tus mandamientos, Te rechazan. ¡Benignísimo Jesús, ten misericordia de cada uno de ellos y atráelos a Tu Sagrado Corazón!

¡Señor, sé el Rey no solo de los hijos fieles que jamás se han alejado de Ti, sino también de los hijos pródigos que Te han abandonado; haz que vuelvan pronto a su casa paterna y que no perezcan de hambre y miseria. Sé el Rey de aquellos que han sido engañados por opiniones erradas y aquellos que la discordia les mantiene separados de Ti y tráelos al puerto de la verdad y de la unidad de fe, para que pronto haya un solo rebaño bajo un solo Pastor. Sé el Rey de aquellos que todavía permanecen envueltos en las tinieblas de la idolatría y atráelos a la luz de Tu reino.

Señor, libera a Tu Iglesia de todo peligro; otorga la paz y el orden a todos los pueblos; y haz que toda la tierra grite de confín a confín: "Alabado sea el Sagrado Corazón que trajo nuestra salvación; gloria y honor por los siglos de los siglos". Amén.

Repetir cinco veces en honor de las cinco llagas: Sagrado Corazón de Jesús, venga a nosotros Tu reino.

Acto de Reparación al Sagrado Corazón

De acuerdo a las antiguas reglas sobre las indulgencias, se podía obtener una indulgencia plenaria una vez al mes si piadosamente se rezaba esta oración y se cumplía con los otros requisitos para obtener indulgencias plenarias.

DULCE Jesús mío, cuyo inmenso amor a los hombres pagamos ingratamente con olvido, negligencia y menosprecio. Míranos postrados ante Tu altar, deseosos de reparar con un acto de homenaje las crueles indiferencias e injurias a las que Tu querido Corazón se somete en todas partes.

Concientes también que hemos participado de estas humillaciones, las cuales sinceramente lamentamos, humildemente pedimos Tu perdón y declaramos nuestro deseo de reparar con un acto voluntario de expiación, no solo nuestros pecados, sino también los de aquellos que alejados del camino de la salvación, rehúsan por su obstinada infidelidad, bendecirte como pastor y guía o renuncian a las promesas bautismales y se alejan del dócil yugo de Tu ley.

Resolvemos expiar cada deplorable pecado cometido contra Ti, determinamos enmendar las muchas ofensas cometidas contra la modestia cristiana en vestido y comportamiento, las seducciones tendidas a las almas inocentes, la profanación de los domingos y los días festivos y las horrorosas blasfemias cometidas contra Ti y contra Tus santos. Queremos enmendar también los insultos dirigidos a Tu Vicario y Tus sacerdotes aquí en la tierra; por la negligencia conciente y los horribles actos de sacrilegio cometidos contra el mismo Sacramento del Amor Divino. Finalmente por los pecados públicos de las naciones que ponen resistencia a los derechos y a la autoridad de enseñar de Tu Iglesia.

Si podríamos, lavaríamos estas abominaciones con nuestra propia sangre. Más, ahora ofrecemos por estas violaciones, la reparación que Tú hiciste una vez al Padre Eterno en la cruz y que continuas renovando diariamente en nuestros altares. Lo ofrecemos en unión a los actos de expiación de Tu Santísima Madre, de los santos y los fieles piadosos de la tierra. Te ofrecemos sinceramente reparar, en la medida que podamos y con Tu gracia, la indiferencia a Tu gran amor y por los pecados que hemos cometido en el pasado. De ahora en adelante viviremos una vida de inquebrantable fe, pureza en la conducta y perfecta obediencia a los preceptos del Evangelio, especialmente a la caridad. Prometemos prevenir a otros que Te ofendan y atraer a cuantos podamos para que Te sigan.

Benignísimo Jesús, por intercesión de la Santísima Virgen María, nuestro modelo, recibe este voluntario acto de reparación y por medio del don de perseverancia mantennos fieles a nuestra obligación y alianza que Te prometemos hasta la muerte para que todos lleguemos un día a gozar de Tu presencia en el cielo, donde Tú, con el Padre y el Espíritu Santo vive y reina por los siglos de los siglos. Amén.

Magnífica
Palabras de Nuestra Señora del
Evangelio de San Lucas 1:46–55

PROCLAMA mi alma la grandeza del Señor, y se alegra mi espíritu en Dios, mi Salvador; porque ha puesto sus ojos en la humildad de su esclava y por eso desde ahora todas las generaciones me llamarán bienaventurada, porque el Poderoso ha hecho obras grandes en mí. Su nombre es Santo y Su misericordia llega a Sus fieles de generación en generación. Él hizo proezas con Su brazo: dispersó a los soberbios de corazón, derribó del trono a los poderosos y enalteció a los humildes. A los hambrientos los colmó de bienes y a los ricos los despidió vacíos. Auxilió a Israel, Su siervo, acordándose de la misericordia, como lo había prometido a nuestros padres, en favor de Abraham y su descendencia por siempre.

Letanía de la Virgen María
(Para uso privado o público)

Señor, *ten piedad de nosotros.*
Cristo, *ten piedad de nosotros.*
Señor, *ten piedad de nosotros.*
Cristo, *óyenos.*
Cristo, *escúchanos.*

A cada invocación respondemos: "Ten piedad de nosotros".
Dios, Padre Celestial,
Dios, Hijo, Redentor del mundo,
Dios, Espíritu Santo,
Santísima Trinidad, un Dios,

A cada invocación respondemos: "Ruega por nosotros".
Santa María,
Santa Madre de Dios,
Santa Virgen de las vírgenes,
Madre de Cristo,
Madre de la Divina Gracia,
Madre de la Iglesia,
Madre purísima,
Madre castísima,
Madre virginal,
Madre sin mancha,
Madre Inmaculada,
Madre amable,
Madre admirable,
Madre del Buen Consejo,
Madre del Creador,
Madre del Salvador,
Virgen prudentísima,
Virgen digna de veneración,
Virgen digna de alabanza,
Virgen poderosa,
Virgen clemente,
Virgen fiel,
Espejo de justicia,
Trono de sabiduría,

Causa de nuestra alegría,

Vaso espiritual,

Vaso de honor,

Vaso insigne de devoción,

Rosa mística,

Torre de David

Torre de marfil,

Casa de oro,

Arca de la Alianza,

Puerta al cielo,

Estrella de la mañana,

Salud de los enfermos,

Refugio de los pecadores,

Consuelo de los afligidos,

Auxilio de los cristianos,

Reina de los ángeles,

Reina de los patriarcas,

Reina de los profetas,

Reina de los apóstoles,

Reina de los mártires,

Reina de los confesores,

Reina de las vírgenes,

Reina de todos los santos,

Reina concebida sin pecado original,

Reina asunta al cielo,
Reina del Santísimo Rosario,
Reina de la familia,
Reina de la paz.

Cordero de Dios, que quitas el pecado del mundo,
perdónanos, Señor.
Cordero de Dios, que quitas el pecado del mundo,
escúchanos, Señor.
Cordero de Dios, que quitas el pecado del mundo,
ten piedad de nosotros.
Ruega por nosotros, Santa Madre de Dios, *para que seamos dignos de las promesas de Cristo.*

Te rogamos nos concedas, Señor Dios Nuestro, gozar de continua salud de alma y cuerpo y por la gloriosa intercesión de la bienaventurada siempre Virgen María, vernos libres de las tristezas de la vida presente y disfrutar de las alegrías eternas. Por Cristo Nuestro Señor. Amén.

Oración a San José

Prescrita por el Papa León XIII para el mes de octubre. Se la reza después del Rosario y de la Letanía de Nuestra Señora, pero se la puede decir cuando desee después de rezarle a María.

A TI, bienaventurado San José, acudimos en nuestra tribulación. Después de invocar el auxilio de tu Santísima Esposa, solicitamos también confiadamente tu patrocinio. Por aquella caridad que con la Inmaculada Virgen María, Madre de Dios, te tuvo unido y, por el paterno amor con que abrazaste al Niño Jesús, humildemente te suplicamos vuelvas benigno los ojos a la herencia que con Su Sangre adquirió Jesucristo, y con tu poder y auxilio socorras nuestras necesidades.

Protege, providentísimo custodio de la Sagrada Familia, la escogida descendencia de Jesucristo. Aparta de nosotros toda mancha de error y corrupción. Ayúdanos desde el cielo, fortísimo libertador nuestro, en esta lucha con el poder de las tinieblas y, como en otro tiempo libraste al Niño Jesús del inminente peligro de su vida, así, ahora, defiende a la Santa Iglesia de Dios de las asechanzas de sus enemigos y de toda adversidad. Y a cada uno de nosotros, protégenos con perpetuo patrocinio, para que, a ejemplo tuyo y sostenidos por tu auxilio, podamos santamente vivir

y piadosamente morir y alcanzar la eterna felicidad
en el cielo. Amén.

Letanía a San José

(Para uso privado o público)

Señor, *ten piedad de nosotros.*

Cristo, *ten piedad de nosotros.*

Señor, *ten piedad de nosotros.*

Cristo, *óyenos.*

Cristo, *escúchanos.*

*A cada invocación respondemos: "Ten piedad de
nosotros".*

Dios, Padre Celestial,

Dios, Hijo, Redentor del mundo,

Dios, Espíritu Santo,

Santísima Trinidad, un Dios,

A cada invocación respondemos: "Ruega por nosotros".

Santa María,

San José,

Ilustre descendiente de David,

Luz de los patriarcas,

Esposo de la Madre de Dios,

Custodio purísimo de la Virgen,
Padre adoptivo del Hijo de Dios,
Diligente protector de Cristo,
Jefe de la Sagrada Familia,
José justo,
José casto,
José fuerte,
José obediente,
José fiel,
Espejo de paciencia,
Amante de la pobreza,
Modelo de obreros,
Gloria de la vida doméstica,
Custodio de vírgenes,
Pilar de las familias,
Consuelo de los desdichados,
Esperanza de los enfermos,
Patrono de los moribundos,
Terror de los demonios,
Protector de la Santa Iglesia.

Cordero de Dios, que quitas el pecado del mundo,
     perdónanos, Señor.
Cordero de Dios, que quitas el pecado del mundo,
     escúchanos, Señor.

Cordero de Dios, que quitas el pecado del mundo, *ten piedad de nosotros.*

Lo nombró administrador de Su casa. *Y príncipe de todas Sus posesiones.*

¡Oh Dios, que con Tu inefable providencia Te dignaste elegir a San José para esposo de Tu Santísima Madre, Te rogamos nos concedas tenerlo como intercesor en el cielo, ya que lo veneramos como protector en la tierra. Tú, que vives y reinas por los siglos de los siglos. Amén.

Te Deum (A Ti Dios)

Himno de Agradecimiento

A Ti, oh Dios, Te alabamos,
a Ti, Señor, Te reconocemos.
A Ti, Eterno Padre, Te venera toda la creación.
Los Ángeles todos, los cielos
y todas las Potestades Te honran.
Los Querubines y Serafines Te cantan sin cesar:
Santo, Santo, Santo es el Señor,
Dios de los ejércitos.
Los cielos y la tierra están llenos
de la majestad de Tu gloria.

A Ti Te ensalza el glorioso coro de los Apóstoles,
la multitud admirable de los Profetas,
el blanco ejército de los Mártires.
A Ti la Iglesia Santa, extendida por toda la tierra,
Te aclama: Padre de inmensa majestad,
Hijo único y verdadero, digno de adoración,
Espíritu Santo, defensor.
Tú eres el Rey de la gloria, Cristo.
Tú eres el Hijo único del Padre.
Tú, para liberar al hombre,
aceptaste la condición humana
sin desdeñar el seno de la Virgen.
Tú, rotas las cadenas de la muerte,
abriste a los creyentes el Reino de los cielos.
Tú sentado a la derecha de Dios,
en la gloria del Padre.
Creemos que un día has de venir como juez.
Te rogamos que vengas en ayuda de Tus siervos,
a quienes redimiste con Tu Preciosa Sangre.
Haz que en la gloria eterna
nos asociemos a Tus santos.
Salva a Tu pueblo, Señor, y bendice Tu heredad.
Sé su pastor y ensálzalo eternamente.
Día tras día Te bendecimos
y alabamos Tu nombre para siempre,
por eternidad de eternidades.

Dígnate, Señor, en este día guardarnos del pecado.
Ten piedad de nosotros, Señor,
ten piedad de nosotros.
Que Tu misericordia, Señor, venga sobre nosotros,
como lo esperamos de Ti.
En Ti, Señor, confié,
no me veré defraudado para siempre.

V. Alabemos al Padre, al Hijo y al Espíritu Santo.

R. Alabémoslo y ensalcémoslo por siempre.

V. Bendito eres Señor, en el firmamento del cielo.

R. Digno de toda alabanza y gloria; y ensalzado sobre todas las cosas por siempre.

V. Señor, escucha nuestra oración.

R. Y oye nuesro llanto.

V. El Señor esté con vosotros.

R. Y con tú espíritu.

Oremos: Oh Dios, no hay fin a Tu misericordia, y Tu bondad es un tesoro infinito; damos gracias a Tu majestad por los dones que nos has concedido, por siempre implorando Tu clemencia, que así como concedes las peticiones de los que piden, nunca los abandones, sino que los prepares para la recompensa eterna. Por Jesucristo, Nuestro Señor. Amén.

ORACIONES DE LA MAÑANA

Acto de fe en la presencia de Dios

DIOS mío, creo firmemente que estás aquí presente y claramente me miras y observas todas mis acciones, pensamientos y movimientos más secretos de mi corazón. Reconozco que no soy digno de estar en Tu presencia, ni de levantar mis ojos hacia Ti porque he pecado tanto. Pero Tu bondad y Tu misericordia me invitan a acercarme a Ti. Te imploro, ayúdame con Tu gracia santa a rezar y a amarte como debo. Amén.

Acto de adoración y agradecimiento

Dios Eterno, Padre, Hijo y Espíritu Santo, principio y fin de todas las cosas, por quien vivimos, nos movemos y tenemos todo nuestro ser; postrado ante Ti en cuerpo y alma, Te adoro con profunda humildad. Te bendigo y Te agradezco por todos los beneficios que nos has concedido, especialmente porque nos creaste bajo Tu propia imagen, nos redimiste con la Preciosa Sangre de Tu amado Hijo y nos santificaste con el Espíritu Santo.

Te agradezco porque nos llamaste a Tu Santa Iglesia, con Tu gracia nos ayudaste a recibir Tus Sacramentos, nos bendices con Tu continua protección y numerosas gracias que debemos a Tu generosidad. También Te doy gracias porque nos protegiste durante la noche y nos regalaste un nuevo día. ¿Cómo puedo pagarte, Dios mío, por todo lo que has hecho? Bendeciré Tu Santo Nombre y Te serviré todos los días de mi vida. Bendito sea el Señor y que todo mi ser alabe Su Santo Nombre. Amén.

Se recomienda rezar un Acto de Fe, Esperanza y Caridad y un Acto de Contrición y pedir la intercesión del Ángel de la Guarda (Ver la sección de oraciones básicas).

Bendita sea tu pureza

Bendita sea tu pureza y eternamente lo sea;
Pues todo un Dios se recrea en tan graciosa belleza.
A ti celestial Princesa, Oh, Virgen Sagrada María,
Te ofrezco en este día alma, vida y corazón.
Mírame con compasión.
No me dejes, Madre mía, en mi última agonía.
Sé mi amparo y protección. Amén.

Sagrada María

SAGRADA María, tu esclavo soy. Con tu licencia a pasar este día voy. No permitas Madre mía, por tu Inmaculada Concepción, que caiga en pecado mortal y muera sin confesión. Tú, como mi buena madre, desde el cielo dame tu santa bendición. *Santiguarse mientras se dice:* Bendición del Padre, del Hijo y del Espíritu Santo. Amén.

ORACIONES DE LA NOCHE

La oración oficial de la Iglesia para la noche, y la mejor de todas, se llama Completas. Esta es la última oración de la Liturgia de las Horas que se reza generalmente antes de ir a dormir. A continuación, sin embargo, ofrecemos una alternativa a esta oración.

BENDITA sea la Santísima Trinidad ahora y siempre, Amén. *Rezar un Padre Nuestro, Ave María, Gloria y Credo.*

VEN, Espíritu Santo, llena los corazones de Tus fieles, y enciende en ellos el fuego de Tu divino amor. Envía, Señor, Tu Espíritu y todo será creado. Y renovarás la faz de la tierra.

Oh Dios, que has iluminado los corazones de Tus fieles con la luz del Espíritu Santo; concédenos que guiados por el mismo Espíritu, seamos dóciles a Sus inspiraciones para buscar solo el bien y gozar de Su consuelo. Por Jesucristo, Nuestro Señor. Amén.

Pongámonos en la presencia de Dios y agradezcámosle por todas las bendiciones que hayamos recibido este día.

DIOS mío, creo firmemente que estás aquí presente y claramente me miras y observas todas mis acciones, pensamientos y movimientos más secretos de mi corazón. Tú me proteges con Tu incomparable amor, a cada momento me concedes favores y me preservas del maligno. Bendito sea Tu Nombre y que todas las criaturas bendigan Tu bondad. Que los Santos y los Ángeles cubran mis defectos. Permíteme pagar toda Tu generosidad con gratitud y alabanzas.

Pida ahora que Nuestro Señor le de la gracia de descubrir los pecados que haya cometido este día y supliquele que le conceda un arrepentimiento sincero.

SEÑOR mío Jesucristo, Juez de los vivos y muertos, ante quien debo comparecer un día para rendir cuentas de toda mi vida, ilumíname. Concédeme un corazón humilde y arrepentido, para que pueda darme cuenta de cómo he ofendido Tu infinita Majestad y me juzgue ahora con severidad para que luego Tú me juzgues con misericordia y clemencia.

Intente ponerse en la' disposición en la cual desea encontrarse a la hora de la muerte.

DIOS mío, acepto la muerte como homenaje y adoración que debo a Tu divina Majestad y como justo castigo debido a mis pecados, en unión con la muerte de mi querido Redentor y como el único medio para ir hacia Ti, que eres mi principio y mi fin.

Creo firmemente en todas las sagradas verdades que la Santa Iglesia Católica cree y enseña porque Tú las has revelado. Y con la asistencia de Tu gracia, resuelvo vivir y morir en comunión con esta, Tu Iglesia.

Confiado en Tu bondad, poder y promesas, espero obtener el perdón de mis pecados y la vida eterna, por los méritos de Tu Hijo, Jesucristo, mi único Redentor, y por la intercesión de Tu Santísima Madre y la de todos los Santos.

Te amo con todo mi corazón y con toda mi alma,

y deseo amarte como los santos lo hacen en el cielo. Adoro todos los designios de Tu Divina Providencia, resignándome enteramente a Tu voluntad divina. Amo a mi prójimo como a mí mismo. Sinceramente perdono a todos aquellos que me han ofendido y pido perdón a todos aquellos que he ofendido. Renuncio al demonio y sus artimañas, al mundo y sus pompas, y a la carne y sus tentaciones. Deseo estar y ser sólo para Cristo.

PADRE, en Tus manos encomiendo mi espíritu.

JESÚS, José y María, os doy el corazón y el alma mía. Jesús, José y María, asistidme en mi última agonía. Jesús, José y María, con Vosotros descanse en paz el alma mía.

JESÚS, recibe mi alma.

QUE la Santísima Virgen María, San José y todos los santos recen por nosotros a Nuestro Señor, y que seamos preservados esta noche del pecado y de todo mal. Amén.

SAN MIGUEL, defiéndenos en la lucha, que no nos perdamos en el temido Juicio. Amén.

ÁNGEL de Dios, que fuiste asignado por misericordia divina a ser mi guardián, ilumíname y protégeme, dirígeme y gobiérname esta noche y siempre. Amén.

QUE EL Todopoderoso tenga misericordia de nosotros, perdone nuestros pecados y nos lleve a la vida eterna. Amén.

QUE EL Señor, Todopoderoso y misericordioso nos otorgue el perdón, absolución y remisión de nuestros pecados. Amén.

Petición a María

DULCE Madre, no alejes tu vista de nosotros, no te apartes, ven con nosotros a todas partes y solos nunca nos dejes ya que nos proteges tanto como verdadera Madre. Has que nos bendiga el Padre, el Hijo y el Espíritu Santo. Amén.

Final de oraciones de la noche.

Amina Cristi (Alma de Cristo)

ALMA DE CRISTO, santifícame.
Cuerpo de Cristo, sálvame.
Sangre de Cristo, embriágame.
Agua del costado de Cristo, lávame.
Pasión de Cristo, confórtame.
¡Oh, mi buen Jesús!, óyeme.
Dentro de Tus llagas, escóndeme.
No permitas que me aparte de Ti.
Del maligno enemigo, defiéndeme
En la hora de mi muerte, llámame.
Y mándame ir a Ti.
Para que con Tus santos Te alabe
por los siglos de los siglos. Amén.

Oración ante el Crucifijo de San Damián
de San Francisco de Asís

SUMO y glorioso Dios, ilumina las tinieblas de mi corazón y dame fe recta, esperanza cierta y caridad perfecta, sentido y conocimiento, Señor, para que siempre cumpla Tu santo y veraz mandamiento. Amén.

Laudes Divinae (Las Alabanzas Divinas)

Tradicionalmente se lo recita públicamente al final de la Bendición del Santísimo Sacramento, antes de que la Santa Hostia sea puesta nuevamente en el tabernáculo. Se lo puede recitar en forma privada a cualquier hora como acto de alabanza y agradecimiento.

BENDITO sea Dios.
Bendito sea Su Santo Nombre.

Bendito sea Jesucristo, verdadero Dios y verdadero hombre.

Bendito sea el Nombre de Jesús.

Bendito sea Su Sacratísimo Corazón.

Bendita sea Su Preciosísima Sangre.

Bendito sea Jesús en el Santísimo Sacramento del Altar.

Bendito sea el Espíritu Santo Consolador.

Bendita sea la Incomparable Madre de Dios, la Santísima Virgen María.

Bendita sea su santa e inmaculada Concepción.

Bendita sea su gloriosa Asunción.

Bendita sea María Madre de la Iglesia.

Bendito sea el Nombre de María Virgen y Madre.

Bendito sea San José, su castísimo esposo.

Bendito sea Dios en Sus Ángeles y en Sus Santos.

Oración a Jesús crucificado

Rezar después de la comunión

MÍRAME, Oh mi amado y buen Jesús, postrado ante tu Divina Presencia. Te ruego con el mayor fervor imprimas en mí: vivos sentimientos de fe, esperanza y caridad; verdadero dolor por mis pecados y propósito firmísimo de jamás ofenderte. Mientras yo con todo el amor que soy capaz, contemplo tus cinco llagas, recordando lo que ya decía de Ti el profeta David, "Han taladrado mis manos y mis pies y se pueden contar todos mis huesos" (*Salmos* 21:17–18).

LAS CINCO ORACIONES DE FÁTIMA

¡Oh, Jesús mío!

Conocida también como la Oración de Fátima en el Rosario.

¡OH, JESÚS mío, perdona nuestros pecados! Líbranos del fuego del infierno. Lleva al cielo a todas las almas, especialmente a las más necesitadas de Tu misericordia. Amén.

Oración del Santísimo Sacramento

SANTÍSIMA Trinidad, ¡Te adoro! Dios mío, Te amo en el Santísimo Sacramento.

Oración pidiendo perdón

¡DIOS mío, yo creo, adoro, espero y Te amo! ¡Te pido perdón por los que no creen, no adoran, no esperan, no Te aman! *(Repetirlo tres veces)*.

Oración del Ángel

SANTÍSIMA Trinidad, Padre, Hijo y Espíritu Santo, yo Te adoro profundamente y Te ofrezco el Preciosísimo Cuerpo, Sangre, Alma y Divinidad de Nuestro Señor Jesucristo, presente en todos los tabernáculos del mundo, en reparación por las atrocidades, sacrilegios e indiferencias con los que Te ofendemos; por los infinitos méritos del Sagrado Corazón de Jesús y el Inmaculado Corazón de María; y, por la conversión de los pecadores. Amén.

Oración para ofrecer sacrificios

Nuestra Señora de Fátima pidió que ofrezcamos sacrificios por los pecadores y digamos muchas veces la siguiente oración, especialmente cuando ofrecemos un sacrificio:

¡JESÚS, Te ofrezco este sacrificio por amor a Ti, por la conversión de los pecadores y en reparación de los pecados que tanto ofenden a Tu Sagrado Corazón y al Inmaculado Corazón de María!

EL ROSARIO

1. Hacer la Señal de la Santa Cruz y rezar el Credo.
2. Rezar un Padre Nuestro.
3. Rezar tres Ave Marías.
4. Rezar un Gloria.
5. Anunciar el Primer Misterio y rezar un Padre Nuestro.
6. Rezar diez Ave Marías.
7. Rezar un Gloria y una Madre de Gracia.
8. Rezar una Oración de Fátima (Oh Jesús mío).
9. Anunciar el Segundo Misterio; rezar un Padre Nuestro, diez Ave Marías, un Gloria, una Madre de Gracia y una Oración de Fátima (Oh Jesús mío).
10. Anunciar el Tercer Misterio; rezar un Padre Nuestro, diez Ave Marías, un Gloria, una Madre de Gracia y una Oración de Fátima (Oh Jesús mío).
11. Anunciar el Cuarto Misterio; rezar un Padre Nuestro, diez Ave Marías, un Gloria, una Madre de Gracia y una Oración de Fátima (Oh Jesús mío).

12. Anunciar el Quinto Misterio; rezar un Padre Nuestro, diez Ave Marías, un Gloria, una Madre de Gracia y una Oración de Fátima (Oh Jesús mío).
13. Concluir rezando una Salve y la Oración para después del Rosario (opcional).

Los Misterios del Rosario

Para meditarlos mientras reza el Rosario

LOS MISTERIOS GOZOSOS
Lunes y Sábados

Primer misterio gozoso: La Anunciación
Segundo misterio gozoso: La Visitación
Tercer misterio gozoso: El Nacimiento de Nuestro Señor
Cuarto misterio gozoso: La Presentación
Quinto misterio gozoso: El Niño hallado en el Templo

LOS MISTERIOS DOLOROSOS
Martes y Viernes

Primer misterio doloroso: La Oración en el Huerto
Segundo misterio doloroso: La Flagelación del Señor
Tercer misterio doloroso: La Coronación de Espinas
Cuarto misterio doloroso: La Cruz a cuestas
Quinto misterio doloroso: La Crucifixión

LOS MISTERIOS GLORIOSOS
Miércoles y Domingos

Primer misterio glorioso: La Resurrección de Nuestro Señor
Segundo misterio glorioso: La Ascensión de Nuestro Señor
Tercer misterio glorioso: La Venida del Espíritu Santo
Cuarto misterio glorioso: La Asunción de Nuestra Señora
Quinto misterio glorioso: La Coronación de María Santísima

LOS MISTERIOS LUMINOSOS
Jueves

Primer misterio luminoso: El Bautismo de Jesús en el Jordán
Segundo misterio luminoso: Las Bodas de Caná
Tercer misterio luminoso: El Anuncio del Reino de Dios
Cuarto misterio luminoso: La Transfiguración
Quinto misterio luminoso: La Institución de la Eucaristía

Madre de Gracia

MARÍA, Madre de Gracia, Madre de Misericordia, en la vida y en la muerte ampáranos, Madre Nuestra.

Oración para después del Rosario

OH DIOS, cuyo Hijo por medio de Su vida, muerte y resurrección, nos otorgó el premio de la vida eterna, Te rogamos que venerando humildemente los misterios del Rosario de la Santísima Virgen María, imitemos lo que contienen y consigamos lo que prometen. Por Jesucristo, Nuestro Señor. Amén.

ORACIONES ESPECÍFICAS

Oración por los Siete Dones
del Espíritu Santo

OH, SEÑOR Jesucristo que antes de ascender al cielo prometiste enviar al Espíritu Santo para completar Tu obra en las almas de Tus apóstoles y discípulos, dígnate concederme el mismo Espíritu Santo para que Él perfeccione en mi alma la obra de Tu gracia y de Tu amor. Concédeme el Espíritu de Sabiduría para que pueda despreciar las cosas perecederas de este mundo y aspirar sólo a las cosas que son eternas, el Espíritu de Entendimiento para iluminar mi mente con la luz de Tu divina verdad, el Espíritu de Consejo para que pueda elegir siempre el camino más seguro de agradar a Dios y ganar el cielo, el Espíritu de Fortaleza para que pueda llevar mi cruz contigo y sobrellevar con ánimo todos los obstáculos que se opongan a mi salvación, el Espíritu de Conocimiento para que pueda conocer a Dios y conocerme a mí mismo y crecer en la perfección de la ciencia de los santos, el Espíritu de Piedad para que pueda encontrar el servicio de Dios dulce y amable, y el Espíritu de Temor de Dios para que pueda ser lleno de reverencia amorosa hacia Dios y que tema en cualquier modo disgustarlo. Márcame, amado Señor, con la señal de Tus verdaderos discípulos y anímame en todas las cosas con Tu Espíritu. Amén

Oración pidiendo dirección al elegir el estado de vida

DIOS Todopoderoso, cuya sabia y agradable providencia protege todo evento humano. Sé mi luz y mi consejo en todas mis acciones, particularmente al elegir mi estado de vida. Sé que mi santificación y salvación dependen de este importante paso que tome. Sé que con Tu ayuda, seré capaz de discernir lo que sea mejor para mí; por lo tanto, me tiendo a Tus brazos, suplicándote Dios mío, que me has enviado a este mundo sólo para conocerte, amarte y servirte; dirígeme con Tu gracia en cada momento y en cada acción de mi vida para que alcance el fin glorioso para el que me creaste. Renuncio a cualquier otro deseo que no sea cumplir Tus designios para mi alma. Te imploro que me concedas aquella gracia que llenándome del verdadero espíritu cristiano, me permita alcanzar el estado de vida al cual Tu adorable providencia me llame. Dios mío, cuando tenga que tomar una decisión, sé mi luz y mi consejo. Misericordiosamente hazme saber el camino que debo tomar porque he levantado mi alma hacia Ti. Líbrame de seguir las sugerencias de mi amor propio o la prudencia mundana, y haz que sólo escuche Tus santas inspiraciones. Permite que Tu Espíritu me guíe por el camino correcto y concede que Tu adorable providencia me coloque, no donde me sienta inclinado a ir, sino donde todas las cosas sean más propicias para Tu gloria y el bien de mi alma. Amén.

María, Madre del Buen Consejo, Trono de la Sabiduría y Ayuda del Cristiano, ruega por nosotros.

Oración por los Sacerdotes

JESÚS, Eterno Sacerdote, mantén a todos Tus sacerdotes bajo el amparo de Tu Sagrado Corazón, donde nadie les haga daño. Conserva sin mancha sus ungidas manos, que diariamente tocan Tu Sagrado Cuerpo. Mantén siempre inmaculados sus labios mojados en Tu Preciosa Sangre. Mantén siempre puros sus corazones, que han sido sellados con el sublime sello de Tu glorioso sacerdocio. Rodéales con Tu amor y protégeles de todo vicio mundano. Bendice sus obras con abundante fruto y que las almas de aquellos a los que han servido aquí en la tierra sean su gozo, consuelo y preciosa corona en el cielo. Amén.

Oración a Nuestra Señora de Guadalupe

OH, SANTÍSIMA Virgen María, Madre de Dios, tú que como nuestra Señora de Guadalupe ayudaste de forma milagrosa a la conversión del paganismo en Méjico, te suplicamos que intercedas en la conversión del mundo actual de su neo paganismo a la única, Santa, Católica y Apostólica Iglesia de tu hijo Divino, Jesucristo, comenzando en las Américas y continuando al mundo entero. De tal forma que pronto exista un solo rebaño y un solo pastor en el cual todos los gobiernos reconozcan el reinado de tu hijo, Jesucristo. Esto pedimos al Padre Eterno, por Jesucristo, tu hijo, Nuestro Señor y por tu poderosa intercesión para la salvación de las almas, el triunfo de la Iglesia y la paz del mundo entero. Amén.

Ofrecimiento del día
de Santa Teresita del Niño Jesús

DIOS mío, Te ofrezco todas mis acciones de este día por Tus intenciones y para la gloria de Tu Sagrado Corazón. Quiero santificar cada latido de mi corazón, mis pensamientos y mis insignificantes obras, uniéndolas a Tus infinitos méritos y para reparar mis faltas, arrojándolas a la inmensa hoguera de Tu amor misericordioso. Dios mío, Te pido para mí y para mis seres queridos, la gracia de cumplir a perfección, Tu santa voluntad y de aceptar, por Tu amor, las alegrías y las penas de esta vida pasajera, para que un día estemos reunidos en el cielo por toda la eternidad. Amén.

Novena a Santa Teresita

SANTA Teresita del Niño Jesús, por favor, recoge una rosa del jardín celestial y mándamela a mí como mensaje de amor. Pequeña Florecita del Niño Jesús, pídele a Dios que me conceda el favor que ahora pongo confiadamente en tus manos (*mencione su petición*). Santa Teresita, ayúdame a siempre creer, como tú lo hiciste, en el gran amor que Dios tiene hacia mí, para que pueda imitar tu "caminito" cada día. Amén.

Oración a Nuestra Señora de la Paz Mental

MADRE de la tranquilidad, Madre de la esperanza, Señora de la paz mental, pedimos tu ayuda en nuestras debilidades. Enseña a nuestro corazón que el amor de Dios es inalterable, que el amor humano empieza y crece sintiendo Su amor. Señora de la paz mental, ruega por nosotros. Amén.

Oración para la noche por las negligencias diarias

PADRE Eterno, Te ofrezco el Sagrado Corazón de Jesús, con todo Su amor, Sus sufrimientos y Sus méritos en reparación de todos los pecados que he cometido el día de hoy y durante toda mi vida. *Rezar un Gloria.*

Padre Eterno, Te ofrezco el Sagrado Corazón de Jesús, con todo Su amor, Sus sufrimientos y Sus méritos para purificar el bien que lo he hecho mal el día de hoy y durante toda mi vida. *Rezar un Gloria.*

Padre Eterno, Te ofrezco el Sagrado Corazón de Jesús, con todo Su amor, Sus sufrimientos y Sus méritos para satisfacer el bien que debí haber hecho y que no lo hice el día de hoy y durante toda mi vida. *Rezar un Gloria.*

Oración para desprenderse de los bienes materiales

JESÚS, Tu elegiste una vida de pobreza y anonimato, concédeme la gracia de mantener mi corazón desprendido de las cosas transitorias de este mundo. Sé que eres mi único tesoro, pues Tú eres infinitamente más precioso que cualquiera otra posesión. Mi corazón está muy ansioso por las cosas vanas y pasajeras de este mundo. Permíteme estar siempre consciente de Tu advertencia: "¿De qué le sirve al hombre ganarse todo el mundo, pero perder su alma?" Concédeme la gracia de mantener siempre Tu santo ejemplo ante mis ojos para que yo desprecie la nada de este mundo y Te haga el objeto de todos mis deseos y afectos. Amén.

Oración a San José pidiendo pureza

CUSTODIO de las vírgenes y padre santo, San José, a cuya custodia fiel fueron encomendadas la misma inocencia, Cristo Jesús y la virgen de vírgenes, María. Por estas queridas prendas, Jesús y María, te suplico me preserves de toda impureza para que pueda con una mente limpia, corazón puro y cuerpo casto, servir a Jesús y María todos los días de mi vida. Amén.

Oración a San Luis de Gonzaga
pidiendo pureza

SAN LUIS adornado de angélicas virtudes, te encomiendo la castidad de mi alma y de mi cuerpo. Te ruego encomendarme al Cordero Inmaculado, Jesucristo, y a Su Santísima Madre, Virgen de vírgenes, y protegerme de todo pecado. No permitas que me corrompa con la menor impureza. Cuando me veas en tentación o en peligro de pecar, aleja de mi corazón todo pensamiento y afecto impuro. Despierta en mí la idea de la eternidad y de Jesús crucificado. Imprime profundamente en mi corazón un santo temor de Dios. Ilumíname con Su divino amor y concédeme la gracia de imitarte en la tierra para que goce de Dios contigo en el cielo. Amén.

Oración para vencer la pereza y la tibieza

DIOS mío, sé muy bien que una vida negligente como la mía no Te complace. Sé que con mi tibieza, he cerrado la puerta a las gracias con las que Tú deseas bendecirme. Dios mío, no me rechaces como merezco, más bien, sé misericordioso conmigo y dame la gracia de dejar este miserable estado. En el futuro trataré de superar mis pasiones, seguir Tus inspiraciones y no omitir mis obligaciones, sino que me esforzaré por cumplirlas con diligencia y fidelidad. A partir de ahora haré todo lo que pueda para complacerte y no descuidaré lo que sé que Te complace, ya que Tú, mi buen Jesús, has dado Tu Sangre y Tu vida por nosotros y has sido tan generoso con Tus bendiciones. Estoy arrepentido de haber actuado con tan poca generosidad hacia Ti, que eres digno de todo honor y amor. Jesús, Tú conoces mis debilidades, ayúdame a vencerlas con Tu gracia poderosa; en Ti pongo toda mi confianza. Inmaculada Virgen María, ayúdame a superarme y a llegar a ser santo. Amén.

Oración para superar un mal hábito

MÍRAME, Dios mío, no merezco Tu misericordia, mi Redentor, pero la Sangre que derramaste por nosotros me da la esperanza de alcanzarla. Muy a menudo Te he ofendido, me he arrepentido y he caído otra vez en el mismo pecado. Dios mío, quiero alejar estos defectos y serte fiel. Pongo toda mi confianza en Ti. Recurriré a Ti instantáneamente cuando esté tentado. Hasta ahora he confiado en mis promesas y resoluciones y he descuidado encomendarme a Ti en mis tentaciones.

Esta ha sido la causa de mis repetidas fallas. A partir de hoy, mi Señor, sé Tú mi fuerza y así podré hacer todo, porque, "todo lo puedo en Cristo que me fortalece". Amén.

Oración para vencer un vicio

DIOS mío, Tú que rompiste las cadenas del Santo Apóstol Pedro y lo sacaste de la prisión ileso, suelta el vínculo de Tu sirviente *(decir el nombre)*, que se halla en cautiverio con el vicio de *(nombrar el vicio)*. Y por los méritos del mismo Apóstol, concédele librarse de esa tiranía. Quita de su corazón todo excesivo amor al placer y las gratificaciones sensuales para que viviendo con seriedad, justa y piadosamente, pueda gozar de la vida eterna junto a Ti. Amén.

Oración para alejar los malos pensamientos

DIOS Todopoderoso y Eterno, mira favorablemente mi súplica y libera mi mente de todo pensamiento maligno para que pueda ser contado entre las dignas moradas del Espíritu Santo. Derrama en mi corazón el resplandor de Tus gracias, que siempre piense cosas dignas de Tu Divina Majestad, que Te complazca y Te ame eternamente. Por Jesucristo, Nuestro Señor. Amén.

Oración pidiendo gracia

DIOS mío, recuerda el momento en el que por primera vez colmaste mi alma con Tus gracias, lavándome del pecado original, para que me cuentes entre el número de Tus hijos. Dios Todopoderoso y Eterno, concédeme en Tu infinita misericordia, por los méritos y la Sangre derramada de Tu Divino Hijo, Jesucristo y por las penas y dolores de la Santísima Virgen María, la gracia que Tú desees que yo reciba este día para Tu gloria y mi salvación. Amén.

Sagrado Corazón de abundante amor, confío en Ti, aun que temo a todo debido a mi propia debilidad, tengo la esperanza en todo debido solo a Tu bondad.

Purísimo Corazón de la Santísima Virgen María, obtén para mí de tu Hijo amado un corazón puro y humilde. Amén.

Oración a San José
pidiendo una muerte dichosa

GLORIOSO San José, te escojo ahora como mi patrón en la vida y la muerte. Aumenta en mí el espíritu de oración y fervor al servicio de Dios. Aleja todo pecado y obtén que mi muerte no venga repentinamente, sino que pueda confesar mis pecados sacramentalmente y lamentarlos con una contrición perfecta para que pueda morir tranquilamente en tus manos y las de Jesús y María. Amén.

Aceptación de la muerte

SEÑOR, Dios mío, miro al futuro, al final de mi vida y con verdadera contrición por haberte ofendido, acepto ahora de Tus amorosas manos la muerte que Te complazca enviarme. Acepto esta muerte con todos sus dolores, angustias y sufrimientos en reparación por mis pecados y por amor a Ti. Confío en que me cuidarás en mis últimas horas, momento a momento y me guiarás hacia la felicidad eterna contigo. Por Jesucristo, Nuestro Señor. Amén.

María, Madre de los moribundos, ruega por nosotros.

San José, Patrón de una muerte dichosa, ruega por nosotros.

Oración por los moribundos

MISERICORDIOSO Jesús, amante de almas, Te ruego, por la agonía de Tu Sagrado Corazón y por los dolores de Tu Inmaculada Madre, lava en Tu propia Sangre a los pecadores del mundo entero que están ahora en agonía y van a morir el día de hoy. Sagrado Corazón de Jesús, Misericordioso Salvador, que una vez sufriste la agonía de la muerte, ten piedad de los moribundos. Amén.

Oración a Nuestro Señor
en la Cruz pidiendo una muerte dichosa

MI JESÚS crucificado, acepta misericordiosamente la oración que Te hago y ayúdame a la hora de la muerte cuando se acerque a mí y todos mis sentidos me fallen. Dulce Jesús mío, cuando mis cansados y abatidos ojos ya no puedan verte, recuerda entonces la mirada con la que ahora me dirijo a Ti y ten misericordia de mí. Cuando mis sedientos labios ya no puedan besarte, recuerda entonces los besos con los que Te bañé y ten misericordia de mí. Cuando mis frías manos ya no puedan abrazar Tu Cruz, recuerda entonces el afecto con el que Te abracé y ten misericordia de mí. Y cuando mi inerte y apagada lengua ya no pueda hablarte, recuerda entonces como ahora Te llamé. Jesús, María y José, a vosotros encomiendo el alma mía. Amén.

Oración por las almas del purgatorio

SAGRADO Corazón de Jesús, siempre presente en el Santísimo Sacramento, siempre dominado por el amor hacia las pobres almas cautivas del purgatorio, ten misericordia de las almas de Tus sirvientes que han partido. No seas severo en su juicio, sino más bien deja caer unas gotas de Tu Preciosa Sangre en las penas que los consumen. Salvador misericordioso, envía a los santos ángeles a que los lleven a un lugar de descanso, luz y paz eterna. Amén.

Ofrecimiento por un difunto

DIOS mío, Te has llevado una persona que mucho amaba en este mundo. Pero Tú lo has querido así; cúmplase en todo Tu santísima voluntad. El gran consuelo que me queda es la esperanza de que Tú lo/la has recibido en el seno de Tu misericordia y que Te dignarás algún día unirme con él/ella. Si la entera reparación de sus pecados lo/la detienen aún en las penas del purgatorio, Te ofrezco por él/ella todas mis oraciones y buenas obras, principalmente mi resignación ante esta pérdida. Haz, Señor, que esta resignación sea entera y digna de Ti. Concédele, Señor, el descanso eterno y que le ilumine Tu perpetua luz. Que las almas de los fieles difuntos, por la misericordia de Dios, descansen en paz. Amén.

Oración por un difunto querido

DULCE Jesús mío, Tu corazón siempre se compadeció de los dolores ajenos, mira con misericordia las almas de nuestros seres queridos que están en el Purgatorio, especialmente *(diga los nombres)*. Jesús, que amaste a los Tuyos con gran predilección, escucha la súplica que Te hacemos y por Tu misericordia concede a aquellos que Tú te has llevado de nuestro hogar, gozar del eterno descanso en el seno de Tu infinito amor. Concédeles, Señor, el descanso eterno y que les ilumine Tu perpetua luz. Que las almas de los fieles difuntos, por la misericordia de Dios, descansen en paz. Amén.

Oración a San Peregrino
patrón de los enfermos de cáncer

MILAGROSO, San Peregrino, ejemplo admirable de paciencia y aceptación del dolor que el cáncer que sufriste te afligió, y que luego fue milagrosamente sanado por la mano divina de Nuestro Señor. Te suplico, si es esta la voluntad de Dios, me liberes de la enfermedad que aflige mi cuerpo especialmente (*mencione su intención*). Obtén también mi perfecta resignación a los sufrimientos que Dios quiera mandarme, para que imitando a Nuestro Salvador y Su Madre Dolorosa, pueda merecer la gloria eterna en el cielo. Amén. San Peregrino, ruega por nosotros.

Oración a San Gerardo para concebir

SAN GERARDO, poderoso protector de las madres y los niños que aún no han nacido, a ti me dirijo en mi hora de ansiedad. Te suplico me bendigas con una dichosa maternidad. Cuando toda la ayuda humana parezca fallarme, dígnate venir en mi ayuda con tu poderosa intercesión. Ruégale al autor divino de la vida que me bendiga con la gracia de herederos y que pueda criarlos en la gracia de Dios en esta vida para que disfruten del reino del cielo en la eternidad. Amén.

Oración a San Gerardo
de una madre embarazada

TODOPODEROSO y Eterno Dios, por la intervención del Espíritu Santo, Tú que preparaste el cuerpo y el alma de la Santísima Virgen María como digno refugio para Tu Divino Hijo, y por la intercesión del mismo Espíritu Santo santificaste a San Juan Bautista, aún cuando estaba en el vientre de su madre. Escucha las plegarias de Tu humilde servidora que Te implora, que por intercesión de San Gerardo, me protejas de todo peligro durante el embarazo y cuides a mi hijo con quien Tú deseaste bendecirme. Que luego de una vida cristiana en la tierra, pueda junto a su madre alcanzar la gloria eterna en el cielo. Amén.

Oración de agradecimiento a San Gerardo

SAN GERARDO, poderoso protector de las madres, ofrece a Dios mi sincera gratitud por la bendición de la maternidad. En mis largas horas de ansiedad y duda, tu poderosa intercesión con Jesucristo, mi Señor, y María, mi Madre, sean siempre mi esperanza. Obtén para mí la gracia de recurrir a ti en pruebas similares. Ayúdame a inspirar a otras mujeres a que acudan a ti. Ayúdanos a hacer la voluntad de Dios aquí en la tierra para que gocemos de la vida eterna en el cielo. Por Jesucristo, Nuestro Señor. Amén.

Oración en honor a Santa Dimpna
*Patrona de aquellos con desordenes mentales
y emocionales*

PADRE y Señor Nuestro, Tú bondadosamente elegiste a Santa Dimpna como Patrona de aquellos afligidos con problemas mentales y emocionales. Ella es nuestra inspiración y un símbolo de caridad a los que piden su intercesión. Concede que por las oraciones de esta joven pura y mártir, puedan nuestros sufrimientos encontrar alivio y consuelo, especialmente te pedimos por *(mencione los nombres por quienes reza)*. Te suplicamos que escuches las plegarias de Santa Dimpna de parte nuestra. Concédenos paciencia en el sufrimiento y resignación a Tu voluntad divina. Llénanos de esperanza y danos el alivio y sanación que tanto deseamos si es esa Tu voluntad. Por Jesucristo, Nuestro Señor. Amén.

Novena al Divino Niño

Niño amable de mi vida, consuelo de los cristianos, la gracia que necesito, pongo en Tus benditas manos. *Padre Nuestro...*

Tú que sabes mis pesares, pues todos Te los confío, da la paz a los turbados y alivio al corazón mío. *Ave María ...*

Y aunque Tu amor no merezco, no recurriré a Ti en vano, pues eres hijo de Dios y auxilio de los cristianos. *Gloria...*

Acuérdate, Niño Santo, que jamás se oyó decir que alguno Te haya implorado sin Tu auxilio recibir. Por eso con fe y confianza, humilde y arrepentido, lleno de amor y esperanza, este favor yo te pido: (*mencionar su petición*).

Decir siete veces: Divino Niño Jesús, bendícenos.

Oración pidiendo salud corporal y espiritual

SEÑOR Jesucristo, que durante Tu corta vida en la tierra hiciste el bien a todos los hombres, ten misericordia de nosotros en este momento de necesidad. Divino Médico, Tu tierno corazón siempre se compadeció al mirar el dolor y la aflicción. Te suplico, si es Tu divina voluntad, me ayudes a recuperar mi salud. Extiende tu mano a aquellos que sufren de cuerpo o de alma. Concédenos la paz espiritual que solamente Tú puedes traer. Creo que en Dios hay tres Divinas Personas: el Padre, el Hijo y el Espíritu Santo. Creo que Dios amó tanto al mundo que nos envió a Su Hijo único, quien murió en la cruz por nuestra salvación. Creo que Dios, con Su misericordia y justicia, recompensa la bondad y castiga la maldad. Dios mío, estoy verdaderamente arrepentido de todos mis pecados, porque Te han ofendido a Ti que eres la misma bondad. Te amo con todo mi corazón y con Tu gracia, trataré de no ofenderte más. Ayúdame a hacer todo lo que sea necesario para gozar de la vida eterna contigo. Jesús, Hijo de David, ten misericordia de nosotros. Amén.

Oración en tiempo de enfermedad

DIVINO Médico, que siempre adoras consolar y curar al enfermo de cuerpo y alma, dame paciencia para soportar mis sufrimientos. Alivia la intensidad de mi dolor y cansancio, pero sobre todo, bondadoso Jesús, sana las heridas de mi alma. Y a pesar de que encuentro difícil decirlo, que siempre pueda decir: que se haga Tu voluntad y no la mía. Amén.

Oración a María Goretti
pidiendo pureza y santidad

SANTA María Goretti, fortalecida con la gracia de Dios, que a la corta edad de once años no dudaste en sacrificar tu vida defendiendo tu pureza virginal. Mira bondadosamente a los hombres que se han desviado del camino de la salvación eterna. Enséñanos que huyendo rápidamente de toda tentación, evitaremos ofenderte. Obtén para nosotros horror hacia todo pecado o impureza para que podamos vivir una vida santa en la tierra y alcanzar la gloria eterna en el cielo. Amén. *Rezar un Padre Nuestro, Ave María y Gloria.*

Oración de un niño
pidiendo la intercesión de San Juan Don Bosco

DIOS Todopoderoso, Tú que me diste a mis padres, los hiciste a imagen de Tu autoridad y amor y me ordenaste que los ame, honre y obedezca; concédeme por intercesión de San Juan Don Bosco, la gracia de cumplir fielmente este mandamiento. Concédeme la gracia de sacar provecho de sus advertencias y ayúdame a respetar a todos aquellos que tomen su lugar. Líbrame del orgullo, la rebeldía, la obstinación, el mal humor y la pereza. Hazme diligente en todas mis obligaciones y paciente en todas mis pruebas, para que un día pueda ser feliz contigo por siempre en el cielo. Amén.

Oración de San Antonio María Claret
pidiendo la curación de una grave enfermedad

Nuestra Señora dijo a San Antonio María Claret (1807–1870) que ella obtendrá de Dios cualquier cosa que él pida por su Inmaculado Corazón.

SAN ANTONIO María Claret, que durante tu vida en la tierra consolabas tanto a los afligidos y tenías mucho amor y tierna compasión por los enfermos, 'e por mí ahora que gozas de la recompensa de tus virtudes. Compadécete de *(mencione aquí la persona y enfermedad que sufre)*. Concédeme esta gracia, si es la voluntad de Dios. Haz que mis problemas sean lo tuyos. Pídele al Inmaculado Corazón de María que obtenga, con su poderosa intercesión, la gracia que tanto ansío, fortaleza durante la vida, amparo en la muerte y guía hacia una dicha eterna. Amén. San Antonio María Claret, ruega por nosotros. *Rezar un Padre Nuestro, Ave María y Gloria.*

Oración por una persona enferma gravemente

MISERICORDIOSO Jesús, consuelo y salvación de todos lo que confían en Ti, humildemente Te suplicamos, por Tu dolorosa Pasión, concede que Tu sirviente *(mencione el nombre)* recupere la salud si es para beneficio de su alma, para que con nosotros alabe y bendiga Tu Santo Nombre. Pero si es Tu voluntad llevarle de este mundo, fortalécele en su última hora; concédele una muerte tranquila y llévale a la vida eterna contigo. Amén. *Rezar un Padre Nuestro, Ave María y Gloria.*

Oración a San Rafael
pidiendo la elección de un compañero matrimonial

GLORIOSO San Rafael, patrón y amante de los jóvenes, ayúdame, te suplico. Confiando en ti, te pido me guíes en la importante tarea de discernir mi futuro. Obtén por tu intercesión, la gracia divina de escoger sabiamente al compañero de mi vida. Ángel de felices encuentros, guíanos con tu mano para que nos encontremos; que todas nuestras acciones estén guiadas por tu luz y se transformen con tu dicha. Como tú guiaste al joven Tobías hacia Sara y le ofreciste una vida dichosa junto a ella en santo matrimonio, guíame a quien con tu angélica sabiduría, juzgues sea apropiado para unirse conmigo en matrimonio. San Rafael, amoroso Patrón de aquellos que buscan un compañero matrimonial, ayúdame en esta decisión suprema de mi vida. Encuentra para mí como compañero esa persona cuyo carácter refleje las características de Jesús y de María. Que sea honrado, leal, puro, sincero y noble, para que con nuestros esfuerzos y con casto y desprendido amor, luchemos en perfeccionarnos en cuerpo y alma junto a los hijos que le complazcan a Dios confiar a nuestro cuidado. San Rafael, ángel de noviazgos castos, bendice nuestro amor y aléjanos del pecado. Que nuestro amor mutuo nos una íntimamente para que nuestro futuro hogar sea siempre como el hogar de la Sagrada Familia. Ofrece tus oraciones a Dios por nosotros y obtén su bendición para nuestro matrimonio. San Rafael, amigo de los jóvenes, sé mi amigo y yo siempre seré el tuyo. Quiero siempre invocarte en mis necesidades. Dirígeme a la persona con la que mejor haré la voluntad de Dios, con la que podré vivir en paz, amor y armonía en esta vida y obtener la dicha eterna en el cielo. Amén.

Rezar un Padre Nuestro, Ave María y Gloria en honor de San Rafael.

Oración a la Virgen Dolorosa
del Beato Miguel Pro

DÉJAME pasar la vida a tu lado, Madre mía, acompañando tu soledad amarga y tu dolor profundo. Déjame sentir en el alma el triste llanto de tus ojos y el desamparo de tu corazón. No quiero en el camino de mi vida saborear las alegrías de Belén, adorando en tus brazos virginales al niño Dios. No quiero gozar en la casita de Nazaret de la amable presencia de Jesucristo. No quiero acompañarte en tu asunción gloriosa entre coros de Ángeles. Quiero en mi vida, las mofas y burlas del calvario; quiero la agonía lenta de tu Hijo; el desprecio, la ignominia, la infamia de la cruz, quiero estar a tu lado Virgen Dolorosísima; fortaleciendo mi espíritu con tus lágrimas, consumando mi sacrificio con tu martirio, sosteniendo mi corazón con tu soledad, amando a mi Dios y tu Dios, con la inmolación de mi ser. Amén

Oración a la Madre Dolorosa

MADRE Dolorosa, por tus lágrimas, por la corona de espinas, por los clavos que llevas en tus manos, por las espadas de dolor con que nuestros pecados traspasaron tu corazón, vuelve a nosotros esos tus ojos misericordiosos y alcánzanos de tu Hijo Santísimo dolor intenso de nuestras culpas y vivos sentimientos de fe, esperanza y caridad. ¡Oh Madre Dolorosa! Protege a la Santa Iglesia, protege a nuestra Patria, ampara a la juventud, ampara a la niñez. Amén.

Novena a la Madre del Perpetuo Socorro

MADRE del Perpetuo Socorro, tú que repartes todos los dones que Dios quiere darnos a nosotros, miserables pecadores, y para que nos ayudes en nuestra miseria, te ha hecho muy poderosa y pródiga. Tú eres la abogada de los pecadores más despreciables y abandonados que recurren a ti. Ven a nuestro auxilio, queridísima Madre; a ti nos encomendamos. En tus manos ponemos nuestra salvación eterna y confiamos nuestras almas. Cuéntanos entre tus más devotos sirvientes y protégenos. Si tú nos proteges, querida Madre, no tendremos miedo a nada. Obtén perdón de nuestros pecados y protección del demonio ya que tú eres más poderosa que el mismo infierno. Apacigua a Jesús, Nuestro Juez, con una oración tuya. Permite que te invoquemos en cada tentación para no perdernos miserablemente. Obtén entonces, Madre del Perpetuo Socorro, perdón de nuestras culpas, amor a Jesús, perseverancia final y la gracia de recurrir a ti siempre. Bajo tu amparo nos acogemos, Santa Madre de Dios, no deseches nuestras súplicas; más bien, líbranos siempre de todo peligro. Amén. *Rezar tres Ave Marías.*

Oración a la Madre del Perpetuo Socorro
pidiendo la conversión de un pecador

MARÍA, Madre del Perpetuo Socorro, tú sabes bien el valor de un alma inmortal. Tú sabes lo que significa que cada alma haya sido redimida con la Sangre de tu Divino Hijo. No desprecies nuestras súplicas si te pedimos la conversión de un pecador que rápidamente se acerca a la ruina eterna. Tú, buena y misericordiosa Madre, conoces bien su irregular vida. Recuerda que eres el refugio de los pecadores, recuerda que Dios te ha dado el poder de convertir al más horrible pecador. Todo lo que se ha hecho por su alma ha fallado. Si no vienes en su ayuda, irá de mal en peor. Obtén por esta alma la gracia eficaz de regresar a Dios y sus obligaciones. Envíale si es necesario calamidades y pruebas temporales para que recapacite y ponga fin a su vida pecaminosa. Misericordiosa Madre, tú que has convertido a tantos pecadores con tu intercesión y con tus plegarias, conmuévete también con mi oración y otórgale a esta alma infeliz, una conversión de corazón verdadera. Madre del Perpetuo Socorro, dígnate mostrar que tú eres la abogada y refugio de los pecadores. En ti confío y que así sea. Amén.

Libéranos

LIBÉRANOS, te pedimos, Oh Dios, de todo mal pasado, presente y futuro y con la intercesión de la Santísima Virgen María, siempre virgen, Madre de Dios y de los santos apóstoles Pedro, Pablo y Andrés y de todos los santos, misericordiosamente concede la paz en nuestros días y ayudados de Tu misericordia, podamos estar siempre libres de todo pecado por Jesucristo, Tú Hijo, Nuestro Señor, que vive y reina contigo en la unidad del Espíritu Santo, un Dios, por los siglos de los siglos, Amén.

Oración a Jesús del Gran Poder

OH, JESÚS mío del Gran Poder, esplendor del Padre Eterno, atiende a mi debilidad y mi pobreza. Tú que eres el más grande y poderoso de los nacidos y la alegría de los Ángeles, escucha mi súplica y concédeme lo que pido *(mencione su intención)*. Confío en Tu gran poder, pues para Ti todo es posible. Jesús del Gran Poder, ten misericordia de nosotros. Amén.

Oración a la Virgen de Coromoto

BELLA Señora María, Virgen Madre del Redentor, contigo alabamos y glorificamos al Padre, en el Espíritu Santo por Jesucristo. Te suplicamos que, así como en Coromoto guiaste los pasos de los indios hacia la gracia bautismal, cautives ahora nuestro corazón y los conduzcas a la renovación de la fe. Virgen de Coromoto, patrona de Venezuela, bendice la acción evangelizadora de la Iglesia en nuestra Patria para que sea fortaleza y defensa de la fe de Tus hijos y comienzo de una renovación de las costumbres cristianas. Amén.

Oración de la Sangre de Cristo

SEÑOR Jesús, en Tu nombre y con el Poder de Tu Sangre Preciosa sellamos toda persona, hechos o acontecimientos a través de los cuales el enemigo nos quiera hacer daño.

Con el poder de la Sangre de Jesús sellamos toda potestad destructora en el aire, tierra, agua, fuego, debajo de la tierra, en las fuerzas satánicas de la naturaleza, los abismos del infierno, y el mundo en el cual nos movemos hoy.

Con el poder de la Sangre de Jesús rompemos toda interferencia y acción del maligno. Te pedimos Jesús que envíes a nuestros hogares y lugares de trabajo a la Santísima Virgen acompañada de San Miguel, San Gabriel, San Rafael y toda su corte de Santos Ángeles.

Con el Poder de la Sangre de Jesús sellamos nuestra casa, todos los que la habitan (*nombrar a cada persona),* las personas que el Señor enviará a ella, así como los alimentos y bienes que Él generosamente nos envía para nuestro sustento.

Con el Poder de la Sangre de Jesús sellamos tierra, puertas, ventanas, objetos, paredes, pisos y el aire que respiramos, y en fe colocamos un círculo de Su Sangre alrededor de toda nuestra familia.

Con el Poder de la Sangre de Jesús sellamos los lugares en donde vamos a estar este día, y las personas, empresas o instituciones con quienes vamos a tratar (*nombrar a cada una si es posible*).

Con el Poder de la Sangre de Jesús sellamos nuestro trabajo material y espiritual, los negocios de toda nuestra familia, y los vehículos, carreteras, aires, vías y cualquier medio de transporte que vamos de utilizar.

Con Tu Sangre preciosa sellamos los actos, mentes y corazones de todos los habitantes y dirigentes de nuestra patria a fin de que Tu paz y Tu Corazón al fin reinen en ella.

Te agradecemos Señor por Tu Sangre y por Tu Vida, ya que gracias a ellas hemos sido salvados y somos preservados de todo lo malo. Amén.

NOVENA DE NAVIDAD

Oraciones de Fray Fernando de Jesús Larrea (1700)

ORACIONES PARA TODOS LOS DÍAS

Oración inicial

BENIGNÍSIMO Dios de infinita caridad, que tanto amaste a los hombres, que les diste en Tu hijo la mejor prenda de Tu amor, para que hecho hombre en las entrañas de una Virgen naciese en un pesebre para nuestra salud y remedio, Yo, en nombre de todos los mortales, Te doy infinitas gracias por tan soberano beneficio. En retorno, Te ofrezco la pobreza, humildad y demás virtudes de Tu Hijo humanado, suplicándote por Sus divinos méritos, por las incomodidades en que nació y por las tiernas lágrimas que derramó en el pesebre, que dispongas nuestros corazones con humildad profunda, con amor encendido, con total desprecio de todo lo terreno, para que Jesús recién nacido tenga en ellos Su cuna y more eternamente. Amén. *Rezar tres Glorias*

Oración a la Santísima Virgen

SOBERANA María que por tus grandes virtudes y especialmente por tu humildad, mereciste que todo un Dios te escoja por madre Suya, te suplico que tú misma prepares y dispongas mi alma y la de todos los que en este tiempo hagan esta novena, para el nacimiento espiritual de tu adorado hijo. ¡Oh dulcísima Madre!, comunícame algo del profundo recogimiento y divina ternura con la que lo aguardaste, para que nos hagas menos indignos de verle, amarle y adorarle por toda la eternidad. Amén. *Rezar tres Ave Marías*

Oración a San José

SANTÍSIMO José, esposo de María y padre adoptivo de Jesús, infinitas gracias doy a Dios porque te escogió para tan soberanos misterios y te adornó con todos los dones proporcionados a tan excelente grandeza. Te ruego, por el amor que tuviste al Divino Niño, me abrces en fervoroso deseo de verle y recibirle sacramentalmente, mientras en Su divina esencia le veo y le gozo en el cielo. Amén. *Rezar un Padre Nuestro, Ave María y Gloria.*

Oración para la familia

SEÑOR haz de nuestro hogar un sitio de Tu amor. Que no haya injuria porque Tú nos das comprensión. Que no haya amargura porque Tú nos bendices. Que no haya egoísmo porque Tú nos alientas. Que no haya rencor porque Tú nos das el perdón. Que no haya abandono porque Tú estás con nosotros. Que sepamos marchar hacia Ti en nuestro diario vivir. Que cada mañana amanezca un día más de entrega y sacrificio. Que cada noche nos encuentre con más amor. Haz Señor con nuestras vidas una página llena de Ti. Haz Señor de nuestros hijos lo que anhelas, ayúdanos a educarlos y orientarlos por Tu camino. Que nos apoyemos mutuamente. Que Te amemos más. Que cuando amanezca el gran día de ir a Tu encuentro, nos conceda el hallarnos unidos para siempre en Ti. Amén.

Consideración

Leer la consideración para cada día, después continuar con los Gozos y la Oración al Niñito Jesús.

Oración al Niñito Jesús

ACUÉRDATE, ¡dulcísimo Niño Jesús!, que dijiste a la venerable Margarita del Santísimo Sacramento, y en persona suya a todos Tus devotos, estas palabras tan consoladoras para nuestra pobre humanidad agobiada y doliente: "Todo lo que quieras pedir, pídelo por los méritos de Mi infancia y nada te será negado". Llenos de confianza en Ti, ¡oh Jesús!, que eres la misma verdad, venimos a exponer toda nuestra miseria. Ayúdanos a llevar una vida santa, para conseguir una eternidad bienaventurada. Concédenos por los méritos infinitos de Tu infancia, la gracia de la cual necesitamos tanto. Nos entregamos a Ti, ¡oh Niño omnipotente!, seguros de que no quedará frustrada nuestra esperanza, y de que en virtud de Tu divina promesa, acojas y despaches favorablemente nuestra súplica. Amén.

Gozos

Cantar después de cada estrofa:
Dulce Jesús mío, mi Niño adorado
¡Ven a nuestras almas!
¡Ven no tardes tanto!

¡Oh, Sapiencia suma del Dios soberano,
que a nivel de un niño Te has rebajado!
¡Oh, Divino Niño, ven para enseñarnos
la prudencia que hace verdaderos sabios!

¡Oh, Adonai potente, que a Moisés hablando,
de Israel al pueblo diste los mandatos!
¡Ah, ven prontamente para rescatarnos,
y que un niño débil muestre fuerte brazo!

¡Oh, raíz sagrada de José, que en lo alto
presenta al orbe Tu fragante nardo!
Dulcísimo Niño que has sido llamado
Lirio de los valles, bella flor del campo.

¡Llave de David que abre al desterrado
las cerradas puertas del regio palacio!
¡Sácanos, Oh Niño, con Tu blanda mano,
de la cárcel triste que labró el pecado!

¡Oh, lumbre de Oriente, sol de eternos rayos,
que entre las tinieblas, Tu esplendor veamos!
Niño tan precioso, dicha del cristiano,
luzca la sonrisa de Tus dulces labios.

¡Espejo sin mancha, santo de los santos,
sin igual imagen del Dios soberano!
¡Borra nuestras culpas, salva al desterrado
y en forma de niño, da al mísero amparo!

¡Rey de las naciones, Emmanuel preclaro,
de Israel anhelo, Pastor del rebaño!
¡Niño que apacientas, con suave cayado
ya la oveja arisca, ya el cordero manso!

¡Ábranse los cielos y llueva de lo alto,
bienhechor rocío, como riego santo!
¡Ven hermoso Niño, ven Dios humanado!
¡Luce, hermosa estrella! ¡Brota, flor del campo!

¡Ven, que ya María previene sus brazos,
de su niño vean, en tiempo cercano!
¡Ven, que ya José, con anhelo sacro,
se dispone a hacerse de Tu amor sagrario!

¡Del débil auxilio, del doliente amparo,
consuelo del triste, luz del desterrado!
¡Vida de mi vida, mi dueño adorado,
mi constante amigo, mi divino hermano!

¡Ven ante mis ojos, de Ti enamorados!
¡Bese ya Tus plantas! ¡Bese ya Tus manos!
¡Prosternado en tierra, Te tiendo los brazos,
y aún más que mis frases, Te dice mi llanto!

¡Ven, Salvador nuestro, por quien suspiramos,
ven a nuestras almas, ven, no tardes tanto!

CONSIDERACIONES

Diciembre 16—La reconciliación

VAMOS a afianzar nuestros valores de modo que la Navidad sea lo que debe ser; una fiesta dedicada a la reconciliación. Dedicada al perdón generoso y comprensivo que aprenderemos de un Dios compasivo. Con el perdón del Espíritu Santo podemos reconciliarnos con Dios y nuestros hermanos y comenzar una vida nueva. Es la Buena Noticia que San Pablo exclamó en sus cartas, tal como leemos en su Epístola a los *Romanos* 5:1–11. Vivir la Navidad es cancelar los agravios si alguien nos ha ofendido y pedir perdón si hemos maltratado a los demás. Recordemos que del perdón nace la armonía y construimos esa paz que los Ángeles anuncian en Belén: paz en la tierra a los hombres que aman al Señor y se aman entre sí. Los seres humanos podemos hacernos daño con el odio o podemos ser felices en un amor que reconcilia. Esta es una misión para cada uno de nosotros: ser agentes de reconciliación y no de discordia, ser instrumento de paz y sembradores de hermandad.

Diciembre 17—La comprensión

L A COMPRENSIÓN es una nota distintiva de todo verdadero amor. Podemos decir que la Encarnación de Dios que se hace hombre puede leerse en clave de ese gran valor llamado comprensión. Es un Dios que se pone en nuestro lugar, que rompe las distancias y comparte nuestros afanes y nuestras alegrías. Es gracias a ese amor comprensivo de un Dios Padre que somos hijos de Dios y hermanos entre nosotros. Como afirma San Juan (*Primera Carta de Juan* 3:1–16), Dios nos muestra la grandeza de Su amor y nos llama a vivir como hijos Suyos. Si de verdad actuamos como hijos de Dios, no imitamos a Caín, sino "damos la vida por los hermanos". Con un amor comprensivo somos capaces de ver las razones de los demás y ser pacientes con sus fallas. Si la Navidad nos torna comprensivos es una excelente Navidad. Feliz Navidad es aprender a ponernos en el lugar de los demás.

Diciembre 18—El respeto

EL RESPETO es una cualidad del amor que nos mueve a aceptar a los otros tal como son. Gracias al respeto valoramos la gran dignidad de toda persona humana hecha a imagen y semejanza de Dios, aunque esa persona esté equivocada. El respeto es fuente de armonía porque nos anima a valorar las diferencias, como lo hace un pintor con los colores o un músico con las notas o ritmos. Un amor respetuoso nos impide juzgar a los demás, manipularlos o querer moldearlos a nuestro tamaño. Pensar en el respeto es ver a Jesús conversando amablemente con la mujer samaritana, tal como lo narra San Juan en el capítulo cuatro de su evangelio. Es un diálogo sin reproches, sin condenas y en el que brilla la luz de una delicada tolerancia. Jesús no aprueba que la mujer no conviva con su marido, pero en lugar de juzgarla, la felicita por su sinceridad. Actúa como buen pastor y nos enseña a ser respetuosos si de verdad queremos entendernos con los demás.

Diciembre 19—La sinceridad

LA SINCERIDAD es una cualidad sin la cual el amor no puede subsistir. No hay amor donde hay mentira. Amar es andar en la verdad, sin máscaras, sin el peso de la hipocresía y con la fuerza de la integridad. Solo en la verdad somos libres como lo anunció Jesucristo (*Juan* 8:32). Sólo sobre la roca firme de la verdad puede sostenerse una relación en las crisis y los problemas. Con la sinceridad nos ganamos la confianza y con la confianza llegamos al entendimiento y la unidad. El amor nos enseña a no actuar como los egoístas y soberbios. Si la Navidad nos acerca a la verdad, es una buena Navidad. Es una fiesta en la que acogemos a Jesús como luz verdadera que viene a este mundo (*Juan* 1:9), luz verdadera que nos aleja de las tinieblas, nos mueve a aceptar a Dios como camino, verdad y vida. Ojalá nuestro amor esté siempre iluminado por la verdad, de modo que esté también favorecido por la confianza.

Diciembre 20—El diálogo

TODA la Biblia es un diálogo amoroso y salvífico de Dios con los hombres. Un diálogo que lleva a su culmen y su plenitud cuando la palabra de Dios que es Su Hijo, se hace carne, se hace hombre, tal como lo narra San Juan en el primer capítulo de su evangelio. De Dios apoyado en la sinceridad, afianzado en el respeto y enriquecido por la comprensión, es el que necesitamos en todas nuestras relaciones. Un diálogo en el que a diario nos revistamos de misericordia, bondad, humildad, mansedumbre y paciencia (*Col.* 3:12). El diálogo sereno que brota de un sincero amor y de un alma en paz es el mejor aguinaldo que nos podemos dar en diciembre. Así evitamos que nuestra casa sea un lugar sin afecto, en la que andamos dispersos como extraños bajo el mismo techo. Dios nos concede a todos el don de comunicarnos sin ofensas, sin juicios, sin altanerías y con aprecio que genera acogida y mutua aceptación; que esté siempre iluminado por la verdad, de modo que esté también favorecido por la confianza.

Diciembre 21—La sencillez

SENCILLEZ es la virtud de las almas grandes y de las personas nobles. Sencillez fue el adorno de María tal como ella misma lo proclama en su canto de Magnífica: Mi espíritu se alegra en Dios mi Salvador porque ha mirado la humildad de su esclava (*Lucas* 1:47-48). Navidad es una buena época para desterrar el orgullo y tomar conciencia de tantos males que acarrean la soberbia. Ninguna virtud nos acerca tanto a los demás como la sencillez y ningún defecto nos aleja tanto como la arrogancia. El amor sólo reina en los corazones humildes, capaces de reconocer sus limitaciones y de perdonar su altivez. Es gracias a la humildad que actuamos con delicadeza, sin creernos más que nadie, imitando la sencillez de un Dios que se despojó de sí mismo y tomó la condición de siervo (*Filipenses* 2:7). Crecer en sencillez es un estupendo regalo para nuestras relaciones. Recordemos que en la pequeñez está la verdadera grandeza y que el orgullo acaba con el amor.

Diciembre 22—La generosidad

L A GENEROSIDAD es la capacidad de dar con desinterés donde el amor gana al egoísmo. Es en la entrega generosa de nosotros mismos donde se muestra la profundidad de un amor que no se agota en las palabras. Y eso es lo que celebramos en la Navidad: el gesto sin par de un Dios que Se da a sí mismo, "el cual siendo rico, se hizo pobre por nosotros a fin de enriquecernos con Su pobreza" (*2 Cor.* 8:9). Sabemos amar cuando sabemos compartir, sabemos amar cuando damos lo mejor de nosotros mismos en lugar de dar solo cosas. Tomemos pues, la mejor decisión: dar cariño, afecto, ternura y perdón; dar tiempo, alegría y esperanza. Son los aguinaldos que más valen y no cuestan dinero. Demos amor, como decía San Juan de la Cruz: donde no hay amor, pon amor y sacarás amor.

Diciembre 23—La fe

UNA FE es firme cuando desarrolla una relación amistosa con el Señor. Una fe que es auténtica está confirmada con las buenas obras, de modo que la religión no sea solo de rezos, ritos y tradiciones. Necesitamos cultivar la fe con la Biblia, la oración y la práctica religiosa porque la fe es nuestro mejor apoyo en momentos de crisis. Necesitamos una fe grande en Dios, una fe sin vacilaciones como lo quería Jesús (*Marcos* 11:23). Una fe que ilumina el amor con la fuerza de la confianza, ya que el amor quiere el bien del prójimo. La Fe es la fuerza de la vida y sin ella andamos a la deriva. Razón tenía Publio al decir: el que ha perdido la fe, ya no tiene más que perder. ¡Que bueno que cuidemos nuestra fe como se cuida un tesoro! ¡Que bueno que nos puedan saludar como a la Virgen!: "Dichosa tú que haz creído" (*Lucas* 1:45).

Diciembre 24—La esperanza y el amor

EL AMOR y la esperanza siempre van de la mano junto con la fe. Por eso en su himno al amor nos muestra San Pablo que el amor cree sin límites y espera sin límites. (*1 Cor.* 13:7). Una fe viva, un amor sin límites y una esperanza firme son el incienso, el oro y la mirra que nos dan ánimo para vivir y no decaer. Es gracias al amor que soñamos con altos ideales y es gracias a la esperanza que los alcanzamos. El amor y la esperanza son las alas que nos elevan a la grandeza, a pesar de los obstáculos y los sinsabores. Si amamos a Dios, nos amamos a nosotros mismos y amamos a los demás, podemos lograr lo que sugiere San Pedro (3:15–16). En su primera carta: estad siempre dispuestos a dar razón de vuestra esperanza. Con dulzura, respeto y con una buena conciencia. Si encendemos la llama de la esperanza y el fuego del amor, su luz radiante brillará en el nuevo año después de que se apaguen las luces de la navidad.

Ponemos a su disposición las siguientes estampitas de oración:

Se las vende en paquetes de 100 estampitas cada paquete.

Oración a
Nuestra Señora
de Guadalupe
Artículo **1426**

Oración a
San José
Artículo **1428**

Oración a
Santa Rita
Artículo **1424**

Oración a San
Miguel
Artículo **1427**

Oración a San
Judas Tadeo
Artículo **1425**

Cómo rezar el
Rosario
Artículo **1440**

Para ordenar:
Llámenos (1-800-437-5876 o 1-704-731-0651)
o encuéntrenos en la net (www.tanbooks.com)

Saint Benedict Press
P.O. Box 410487 • Charlotte, N.C. 28241 • Estados Unidos de América

Los libritos mejor vendidos del Padre Paul O'Sullivan ahora se encuentran disponibles en español:

Las Maravillas de la Santa Misa

Las Maravillas de la Santa Misa le abrirá los ojos al inmenso tesoro espiritual que poseemos en la Santa Misa. Participar en la Misa es la mejor forma de obtener gracias, misericordia y favores de Dios.

Artículo número **1430**

Las Maravillas del Santo Nombre

Las Maravillas del Santo Nombre explica el poder que tiene el Nombre Jesús. Por medio de su reverente uso podemos glorificar a Dios, pedirle ayuda, ayudar a las almas del Purgatorio y pagar nuestras deudas espirituales.

Artículo número **1824**

Para ordenar:

Llámenos (1-800-437-5876 o 1-704-731-0651)
o encuéntrenos en la net (www.tanbooks.com)

Saint Benedict Press

P.O. Box 410487 • Charlotte, N.C. 28241 • Estados Unidos de América

Para ganar la gracia de Dios y crecer en santidad, ordene:

La Confesión— los frutos de su práctica

La Confesión—los frutos de su práctica le explicará claramente cómo hacer una buena Confesión y los frutos que produce su frecuente práctica. Incluye un examen de conciencia muy completo y oraciones para antes y después del Sacramento.

Artículo número **1432**

Los Siete Pecados Capitales

Los Siete Pecados Capitales le ayudará a entender las debilidades de su propia alma y los remedios para cada flaqueza que existen dentro de todos como resultado del pecado original. Le ayudará en la batalla que lucharemos el resto de nuestra vida, pero que es necesaria pelearla si queremos servir a Dios y salvar nuestras almas.

Artículo número **1434**

Confesión de un Católico Romano

Confesión de un católico romano es una de las más extraordinarias confesiones que pueda encontrar en nuestro tiempo. Este es el relato de un ex ministro protestante que leyendo la Biblia, culmina en la Iglesia Católica.

Artículo número **1433**

TAN·BOOKS

TAN Books fue fundada en 1967 con el propósito de preservar las tradiciones litúrgicas, espirituales e intelectuales de la iglesia Católica. En un momento crítico de la historia, TAN mantuvo vivo los grandes clásicos de la fe, atrayendo muchas personas a la Iglesia. En el 2008 TAN fue adquirida por Saint Benedict Press. Hoy TAN sigue extendiendo su misión a la nueva generación de lectores.

Desde el comienzo TAN ha publicado una variedad de libritos que enseñan y defienden la fe. A través de alianzas con organizaciones, apostolados e individuos con mentalidad misionera, se han distribuido más de 10 millones de libritos.

Actualmente, TAN ha expandido sus publicaciones con el lanzamiento de calendarios Católicos, agendas y Biblias. También se han incorporado libros de ficción y productos multimedia a través de sus marcas hermanas Catholic Courses (CatholicCourses.com) y Saint Benedict Press (SaintBenedictPress.com).

Hoy TAN publica más de 500 libros en el área de teología, oraciones, devociones, doctrina, historia de la iglesia Católica y la vida de los santos. Los libros de TAN se publican en varios idiomas y se pueden encontrar en colegios, Iglesias, librerías y hogares de todo el mundo.

Para adquirir un catálogo visita nuestra página de internet
TANBooks.com

O llámanos a nuestra línea gratuitat
(800) 437-5876